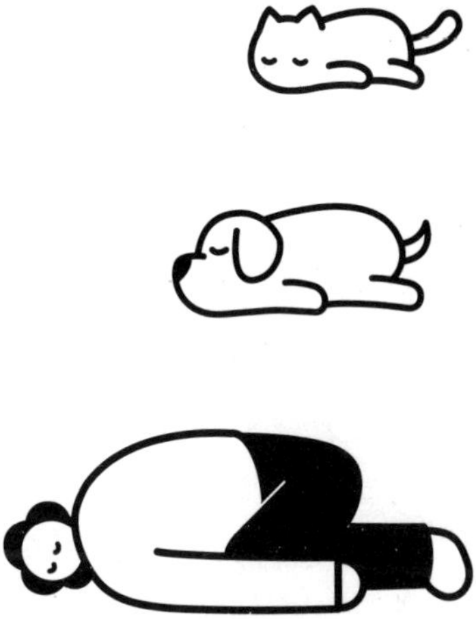

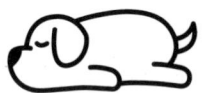

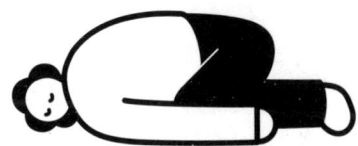

Tell Me the Truth About Love

叫醒一个装睡的爱人

[英] 苏珊娜·阿布斯（Susanna Abse）著　罗蝶儿 译

CNS PUBLISHING & MEDIA　湖南文艺出版社 HUNAN LITERATURE AND ART PUBLISHING HOUSE　博集天卷 CS-BOOKY

献给保罗，我真理探寻之路的挚友。

别人如何对我们,我们就如何对别人。

——约翰·鲍尔比[1]

---

[1]. John Bowlby(1907—1990),英国精神分析学家。——编注(如无特殊说明,本书脚注均为编注)

目录 Contents

引 言 /001

第一部分 脆弱的关系

不愿离开玩偶小屋的维多利亚和鲁珀特 /007

跌落山崖的杰克和吉尔 /015

不停亲吻青蛙的克里斯托夫 /049

命运弄人,长发公主终于放下长发 /076

贝尔:美女还是野兽? /104

第二部分　背叛

卡迈勒床上的睡美人 / 122

吃毒苹果的罗达 / 149

浪子回头的唐璜 / 161

小红帽在保护披着羊皮的狼 / 182

第三部分　骨肉

召唤宝宝的比娜和夏皮罗 / 203

把草房吹倒重建的加布丽埃勒和约翰尼斯 / 235

化身恶毒继母的凯莉·安妮 / 262

夹在中间的小猪——雷吉和劳伦斯 / 283

后　记 / 305
致　谢 / 307

引 言

伴侣关系是本书的焦点。我们生来就需要与人为伴，不论原生家庭是否完满，我们每个人内心深处的所思所想，说到底都离不开亲密联系。先进的技术无法取代人类的灵魂与身体，人与人之间总会因相互吸引而走到一起。而且对人类来说，生儿育女不能仅凭一己之力，即便是能，性交与社交的需求也仍然存在。我们生来就是为了爱。

联系感使我们产生了一个个梦想与幻想，为我们打造了一部部童话。在心理学家卡尔·荣格（Carl Jung）看来，童话故事揭示了人性的基础。正因如此，我在撰写此书时，特意采用了心理分析寓言的形式，每章配以童话般的标题，希望能够借此揭示感情那普世的主题与永恒的困境——分分合合，令读者有所启发。

童话故事的核心是为了转变，而人们接受心理治疗的核心也是为了转变。在童话故事中，主角只有在克服了极大的阻碍与逆境之后，才能收获美满的结局。显然，心理治疗并不能如童话一般让青蛙变成王子；不过，心理治疗可以试着将患者带入一段心灵的旅程，让他们从中明白，青蛙和王子其实就是同一个人，只要接受了这一点，也许就能发生"转变"。可是，有些急于求成的患者眼中只有魔法药水，一旦发现没有这样的药水，他们往往就会大失所望。

书中各病例的信息，一律改写自本人逾三十五年的实践经历，以及与数百名真实患者进行的数万次治疗经历。我深刻明白对病人相关信息保密一事的重要性，也就是说，本人并未在书中透露任何具体患者的病例。读者可能会问："那这些故事都是真实的吗？"答案是，正如童话故事是"真实"的一样，这些故事也都是"真实"的。我写下这些故事，就是为了深入剖析人类各类状况的真相。每个章节的故事都反映出了我反复以不同的方法观察到的问题与行为模式。这些故事虽然不属于某些特定的患者，但它们能够揭示出人类相互间的需求与人类自身的脆弱性，以及人类依赖的必然性和对于依赖的恐惧。

真相是什么？这是在探索情感关系时至关重要的一个问题。哲学家称，真相是与现实相符合的事物，但现实却是主观的：我们彼此眼中的现实各不相同。指出这一点，是因为这个问题正是伴侣心理治疗的核心。许多人在治疗过程中会发现自己一直以来都是在自欺欺人，因为接受现实就意味着要面对不忍直视的、痛苦的真相。因此，伴侣之间的"真相"其实是两面的：一种是面对自己的感受，接纳自己的经历；另一种则是面对伴侣的感受，了解他们的过往。挑战就在于，这两种真相是否能够和平共存。

大多数伴侣是无法马上察觉到这一点的，他们只会逐渐注意到，内心的真相可能并不反映客观现实，而是在一定程度上反映了他们自己的家庭经历。当他们真正产生探索欲，开始卸下心防、吐露真情时，他们就能重新认识对方，发现一种全然不同的真相——一种能够带来新的故事，两人共享的真相。这里所说的认识，绝非简单的智力或认知上的认识，而是一种情感过程。诚如荣格所说："我们不该假装自己仅靠智力就能理解世界。我们还要通过情感来理解它。智力上的判断只能揭示部分的真相。"[1]

荣格此话不假。作为一名心理治疗师，我了解到，我们所有的经验都是由过去的经验所积累、塑造而来的。我们每涉足一个新的事件、进入一段新的关系，内心总是带着先入为主的意见——过去的影响挥之不去；在人生之路上，我们没法做一个公正客观的旁观者。过去的东西会一直存在。

因此，伴侣心理治疗的目的应该是寻求真相，而不是隐瞒真相。更确切地说，伴侣心理治疗需要伴侣双方共同参与，这一过程既能带来意外的发现，促进相互理解，有时还能导致转变。我希望本书可以帮助读者更加深入地去了解自己，了解自己的情感关系。伴侣心理治疗在很大程度上就是要去了解自己和伴侣——了解双方那些可能深藏心底的事情。伴侣心理治疗就是要放下一些"真相"，以开放的心态给予彼此更多的理解——这就是关于爱的真谛。

---

1. Carl Jung, *Psychological Types*, epilogue (Routledge, 2017).
——原注

第一部分

脆弱的关系

我们从未像相爱时那样,对痛苦毫无防备。

——西格蒙得·弗洛伊德(Sigmund Freud),
《文明及其不满》(*Civilization and Its Discontents*)

人都是脆弱的。哪怕我们穷尽一生将自己伪装得强大，也改变不了这一事实。我们生来就是无助的，这种无助感萦绕着我们的一生，搅扰着我们成年后的每一个深夜，令我们久久不能忘怀。

要对抗这种脆弱，我们真正能做的只有寄希望于他人。这些人或有着支撑我们的双手，或有着拥抱我们的双臂，抑或有着理解我们的头脑。若没有这些人，我们将无比孤独——人生来可不是为了承受孤独的。不过，还有一些人会对我们构成威胁：他们令我们想起那些被抛弃的时刻；那些被暴力束缚，而非温柔拥抱的时刻；那些受人误解的时刻。正因如此，我们总是战战兢兢，全副武装，将爱意拒之门外。

不愿离开玩偶小屋的维多利亚和鲁珀特

有些伴侣非常幼稚。他们吵架斗嘴、哭天喊地,恨不得多拉一个观众加入自己的阵营。等亲朋好友全部站队完毕,伴侣心理治疗师就派上用场了!

我有些同事只愿意做单人的心理咨询,从来不跟成双成对的伴侣打交道,因为他们受不了争吵。还记得多年前的一次研讨会上,有位实习心理治疗师对我展示的案例材料感到非常愤怒。他气冲冲地问:"天哪,他们又吵不出个所以然来,什么时候才是个头啊?"这句话当即引发了短暂的掌声和众人的共鸣。

伴侣之间吵吵嚷嚷、行为幼稚或许不为大众所认同,但在我看来,伴侣之所以结为伴侣,部分原因就是亲密关系会使成人退化,而这种退化方式又是少数可以为人所接受的。除了伴侣之外,我们还能跟谁捏着嗓子说话?

还能跟谁互叫爱称？还能跟谁用水甚至番茄酱嬉戏打闹？还有谁会给你念书，给你唱歌，拥抱你、爱抚你？父母同床共枕是再正常不过的事，而孩子一旦过了婴儿期，就得学会独自睡觉，这也许就是生活的悖论之一。成年生活迫使我们离开了充满游戏和爱抚的世界，而伴侣关系又让我们重回那个世界。

几乎所有亲密的爱情关系都带有天真烂漫的特质：我们用童言童语向彼此表达爱意，相互依偎，相互抚摸，嬉闹玩耍。而且，做爱这件事本身就提供了大多数成年生活所没有的亲密接触的机会。我最近在希腊的海滩上就看到了这样一幕：一对夫妇将草茎插进彼此的鼻子里，看对方能够忍受多久。此情此景实在让我大笑不止，他们那深深相爱的真心和紧紧相连的童心，都被我一一看在眼里。

尽管如此，我还是不得不承认，有些夫妻的幼稚行为实在是过于低级、杀伤力过大，即使是像我这样的老手也难以忍受。

维多利亚和鲁珀特两人非常难相处。他们将近而立之年，容貌出众，家境优渥，头脑敏捷，但是，我再说一遍，这两人非常难相处。两人单拎出来都是光彩照人，但凑在一起就是一场噩梦。他们毁掉了无数晚宴，搅乱了无数假期，声泪俱下地在深夜打了无数个电话，终于让他们的朋友与他们划清了界限。就这样，他们来到了我的咨询室，打算也对我轰炸一番。

不过，类似的家庭纠纷我听得太多，实在忍无可忍了，我知道自己必须换种方法。每次治疗我都得听他们哭、听他们闹，治疗结束后我还会收到撕心裂肺的电话和邮件，以及双方分别转发给我的聊天记录。有时我说过的话也会被他们复制来复制去，我本人还会被当成正义的审判员，必须从中做出裁决。他们两人都坚信自己是对的，他们泪眼婆娑地向我申诉，就为了证明自己是对的。他们每周四来的时候都是好几天没说过话，走的时候又和好如初，笑呵呵的样子活像两个顽童。

有些夫妻吵着吵着就会大发脾气，觉得对方无理取闹、歪曲事实。"要是有录像回放的话，就能证明我没错。事情才不是那样的！"他们大呼小叫，各执己见，而他们各自的见解其实都是受到过往经历（比如心理创伤、缺乏管教和遭受虐待等）的扭曲和影响。如此一来，他们就会心烦意乱，难以区分感觉和事实。他们越是生气、沮丧，就越容易胡思乱想。

我希望在我的悉心帮助下，维多利亚和鲁珀特可以打破这个怪圈，拨云见日，清醒地看待自己，也清醒地看待彼此。妄加揣测、强颜欢笑只会令他们一次次陷入愤怒、背叛，以及温情和解的循环。虽然有时候他们像是乐在其中，但我看得出来，他们表面上吵吵闹闹，实际上却因为无人理解、缺乏安全感而变得心灰意冷。我知道，他们要做的就是卸下情绪上的伪装，认清现实——伴侣之间的相处不是任人胡作非为的过家家。我想让他们意识到，他们现在的问题很严重，也很悲哀。我还想让他们聊聊自己心底的恐惧。简而言之，我想让他们做出改变。

我这么想是对的吗？这个问题还有待商榷。心理治疗师有必要为患者设定如此明确的目标吗？我们的工作难道不是满足患者的需要，而非满足我们自己的愿望吗？我当然知道这一点，那么在与维多利亚和鲁珀特相处时，我该怎么绝地求生呢？看到他们没完没了地小打小闹，又欣喜若狂地和解，我又该怎么想呢？正如我那位学生夹带怒气的发问：什么时候才是个头啊？

这时我不禁想起了自己多年前见过的另一对伴侣——罗利与克莱夫，他们当时年纪还小，分别只有二十三岁和二十四岁。感情经历也是轰轰烈烈、起起伏伏，两人总是不断地分分合合。他们总是因为一点小事就威胁对方说要分手，所以我永远猜不到下周再见会出现什么新状况。我曾严厉地要求他们认真对待我的工作，但这好像完全就是白费口舌。他们直接缺席了数周的治疗，没付账单，还给我发了一些乱七八糟的短信。于是，我写了一封电子邮件，建议他们在准备好专心接受心理治疗后再联系我。

真够讽刺的。罗利和克莱夫当时面临的最大问题就是无法做出承诺。他们心底的恐惧太强烈了，两人既不敢对情感关系做出承诺，也无法对伴侣心理治疗做出承诺。

我想，这也是维多利亚和鲁珀特身上存在的问题吗？他们比罗利和克莱夫年长一些，付出的赌注自然也要高很多。不过，他们有资本和对方玩，甚至可以玩得更加夸张、做作。

二月的一个周二，天气阴沉，我拖着感冒的病体艰难地前去上班。维多利亚和鲁珀特是当天的最后一对患者，我筋疲力尽，暗自希望他们能取消这次治疗，这样我就可以回家舒舒服服地穿上睡衣休息了。等到六点一刻,我正准备去拿外套,门铃突然响起。他们一边拉开同款的盟可睐羽绒服,一边匆匆走进来,还没喘口气,就开始了最新表演。

这两人好像整个周末都在采尔马特滑雪。去的第二天,鲁珀特挑衅说维多利亚穿背带裤显得臀部真的很大,这番辣评当即令维多利亚心生不满。她立马租了一辆车,开了五个小时去找当时在圣莫里茨滑雪的朋友。普通人只能在原地解决问题,但维多利亚生性冲动,又不缺钱,所以不需要这么做。她可以用最夸张的方式表明自己的态度,把鲁珀特一个人撂在山那边。

这种"宣泄"方式其实是没法让人心情放松的。正确的做法应该是坐下来好好处理问题,顾及旧情,忍受不快,并且直面恐惧。而维多利亚和鲁珀特似乎就是铁了心不这么做。

不过,有样东西是他们两个人都最想要的,每每我在治疗中谈及这样东西,他们都会默不作声,仿佛我的话说到了他们心坎里,说中了他们想要组建家庭的强烈欲望。组建家庭。家是他们在成长过程中缺失的东西。我不会再深入介绍他们的个人背景。我知道,读者你肯定可以想象到他们过去惨痛的经历,比如家财万贯,却无一人关爱；小小年纪就被送到寄宿学校；参与多次心理治疗，却依然填补不了内心缺失的爱；四处度假，外表高调炫耀，内心却空虚不安。你如果停下来思考两分钟，就能体会到巨大的痛苦。而维多利亚和鲁珀特却不能，也不会为此感到悲伤。

几周过去了，在心理治疗期间，两人依旧分分合合，这对他们的关系产生了破坏性的影响。我还是坚定不移地从中劝导，试着让他们的内心产生动摇。比如我会告诉他们，每次出现意外，无法与对方同行（去剧院、巴黎、罗马或者采尔马特），是多么可惜。我提到他们每个被取消的活动、被破坏的时刻。我还对他们说，这一切都白费了，他们最想要的一切都白费了。就这样，渐渐地，渐渐地，他们开始缓和情绪，表露出真切的悲伤，每次争吵后都能够更快地回到彼此身边。

孩子们喜欢玩偶小屋——一个由幻想主宰的地方，在那里，他们无所不能，可以掌控一切。维多利亚和鲁珀特内心脆弱，却喜欢假装他们坚不可摧，事实当然并非如此。

伴侣之间的争吵是不可避免的。分歧既是必然的，也是至关重要的。也许比起达成共识，更重要的是要消除我们的分歧,这样我们才能发现真正的彼此。你不是我,我也不是你。的确,要做到这一点困难重重,甚至会遭受一定的打击,但这一过程会非常有趣,有时还会令你兴奋不已。如果我们只是"我们",那么我是谁?

所以,成为幸福伴侣的诀窍不是不吵架,而是要学会和好并且修复关系。鲁珀特和维多利亚一开始接受心理治疗,总是很快就和好了,可他们从来没有修复过关系,也没有从中学到任何东西。而这种火急火燎的和好,完全是在逃避感情、逃避思考、逃避感知彼此的痛苦。

跌落山崖的杰克和吉尔

> 杰克·斯普拉特不吃肥肉,
> 而他的太太不吃瘦肉;
> 于是两人在吃饭的时候,
> 盘子都舔得干干净净。
>
> ——童谣

婚姻和长期的伴侣关系可以帮助我们发展和成长。的确,爱情的滋润和情感关系中的挫折都能够帮助我们变得成熟。因此,来接受心理治疗的伴侣,通常都是陷入了成熟路上的瓶颈期,他们不是在相互扶持、共同进步,而是双双陷入了有害的情绪和行为模式之中。通过伴侣心理治疗,他们可以突破瓶颈,回归正轨,走完成家立业、生儿育女、广结良友、功成身退,乃至年老体衰、身归尘土的人生历程。对有些关系还未成熟的伴侣来说，陷入瓶颈期的原因其实是他们过于谨小慎微，不想和对方发生冲突。

我还记得自己第一次领悟到这一点，是在三十年前接触的一个早期病例身上。病例的主人公是一对艺术家，他们的住处虽离伦敦不远，却是一个安静偏僻的乡下地方。就叫他们杰克和吉尔吧。他们是一对较为年长的伴侣，没有孩子，也不想要孩子。随着了解的深入，我最终得出结论：这对夫妇之所以不想要孩子，是因为他们还把自己当成孩子；他们不谙世事，就像迷失山林的孩子。

那时我年纪尚轻，在一家大型的公立诊所担任实习心理治疗师。尽管当时的职场环境不大友好，但我还是兢兢业业、满心热忱。这家诊所定了一个规矩：患者一到，我就得给冷冰冰的接待员打电话，让他把人带到我三楼的咨询室。

那天是周二，我整个上午都在开研讨会，和导师一起为新来的患者做准备。等到下午，我关上咨询室的窗户，看了看表，已经两点了，于是我就给楼下打电话，看看人到了没有。接待员告诉我，患者已经到了，正在上楼的路上。我对杰克和吉尔知之甚少，只是满怀期待地等在电梯旁，想要好好迎接一下他们，然后把他们带去我的房间。然而，时间一分一秒地过去，我看着时钟的指针逐渐移向两点十分，开始怀疑他们去哪里了。

接着我走到旁边的楼梯口，看到一对老夫妇正拖着慢吞吞的脚步向我等候的地方走来。我不确定他们是不是杰克和吉尔，所以我们三个都有些尴尬地站在原地，最后还是我先开口："你们好，我是苏珊娜·阿布斯。你二位是来找我的吗？"他们点点头，默默地跟着我穿过走廊，来到我那间铺着油毡地板、装着金属窗框的简陋咨询室。

当我走到门口时，这对夫妇还落在我后面大概六米远。我承认我走得很快，但这两人走得简直跟蜗牛一样慢，而且进门后，他们又花了很长时间放下包和外套，最终安顿下来。

得体地做完自我介绍后，我告诉他们这次治疗的结束时间是下午三点十五分，目的是探讨伴侣心理治疗是否对他们有帮助。接着我让他们说说来治疗的原因。

两人久久没有作答，我正好借机仔细观察了一下。杰克又高又瘦，我想他以前一定很英俊。他头发斑白，像是已经好几个月没梳理过了。

吉尔穿着宽松的花呢裙子，还有厚厚的黑色紧身裤袜，这身过时的装扮看上去也有点随意。她戴着一条亮眼的橘色珠链，头发染成鲜红色，盘成了松松的发髻。但当她弯腰把包放到身旁的蓝色油毡地板上时，我还是看到了她白色的发根。接着她直起身望向我，脸上露出一丝温暖的微笑。

沉默在继续蔓延。终于，杰克满脸焦虑地看了看吉尔，打破了这阵沉默。

"我们和邻居之间一直合不太来。"他停了下来，我点头鼓励他继续说下去。

他又瞥了吉尔一眼，然后慢慢解释道，邻居对他们自家地盘上新盖的工作室颇有微词。听了这话，我一头雾水，却又不免好奇，毕竟这种事可不常见。杰克称，这间工作室虽然离最近的邻居也很远，却是盖在山坡上，所以一眼就能看见。邻居埋怨这幢建筑有碍观瞻，便致信当地的规划部门，随后便有人来通知他们应该在建造之前获得许可。杰克接着说，两人心急如焚，因为担心最后不得不拆除这间工作室。听到这里，我能感觉到他身上散发出的焦虑。

吉尔皱了皱眉头，但什么也没说。于是我稍微试探了一下，询问是不是这件事影响了他们之间的关系。又一阵长时间的沉默后，杰克再次打破僵局。"也许吧。"他说道。

我扭头看向吉尔，道："你有什么想说的吗，吉尔？也许你有不同的看法？"我当时并不知道这个问题就是关键所在。她有不同的看法吗？显然没有。

杰克和吉尔似乎都不愿再谈论他们两人之间的问题，不过，他们还是跟我讲了一些与他们生活相关的事情。他们在第一天去艺术学校的时候就认识了，当时他们刚到伦敦，对当地的一切都还不太适应。杰克说他是被吉尔身上那种宁静的气质所吸引的，她外表是那么安静沉着——"就像是入定了一样"。吉尔则说她当时被杰克的身高给惊呆了，杰克看上去是那种内心坚强、沉默寡言的人，这让她想起了自己的哥哥。他们还饶有兴趣地说起了彼此是如何携手合作，完成艺术创作的关键性一步的。他们从十八岁起就形影不离，直至今日两人都已经年至半百。他们令我想起了吉尔伯特和乔治[1]这对在创作

---

1. 即Gilbert Proesch与George Passmore组成的艺术双人组，是著名的行为艺术家，两人1967年在伦敦圣马丁艺术学院相识，并开始一起工作至今。

领域惺惺相惜的男性艺术家。后来,吉尔花了很长时间来讲述杰克是一位多么出色的雕塑家,以及她自己在模仿杰克的工作理念时,虽然觉得很难,但又付出了极大的努力。当吉尔说到这些的时候,两人都开怀大笑起来,可我真不知道有什么好笑的。显然,工作就是吉尔和杰克活下去的动力。心理治疗继续推进,我发现他们依旧笑得很开心。难道这是在掩饰内心的不适?

他们离开后,我在记事本上写下了"林中孩?"几个字,用这种简写的方式来代指一类特殊的伴侣。这类伴侣觉得一切冲突或分歧都极易挑起争论,所以他们会尽一切努力去维持彼此之间的安稳与和谐。如此一来,所有的冲突和困难都被隔绝在二人世界以外,都是由其他人(比如亲家、兄弟姐妹或者邻居)带来的。我有这么一种感觉:杰克和吉尔躲在乡下,把那里当成心灵的避难所,以远离外界的纷纷扰扰。他们害怕邻居将自己抓走,所以在他们的世界里,邻居就是唯一的污点。

"林中孩"式的伴侣试图建立这样一种关系:在这种关系中,伴侣要像妈妈一样,善解人意、有求必应,与爱人心有灵犀。此外,伴侣之间还要完美契合,仿佛形神合一,让双方体会到你中有我、我中有你、安心幸福的感觉。

> 尔侬我侬,忒煞情多。情多处,热似火。把一块泥,捻一个尔,塑一个我,将咱两个,一齐打破,用水调和。再捻一个尔,再塑一个我。我泥中有尔,尔泥中有我。我与尔生同一个衾,死同一个椁!
>
> ——管道昇《我侬词》

这首诗讲述了大多数恋人在初入爱河时的那种形神合一的美妙感觉。当我们陷入一段感情,将心交到某人手中时——对陌生人这么做可是很冒险的——那种完美相融的体验总会给人一种安心的错觉。我们会下意识地觉得:"如果我们是一体的,你就不会伤害我。如果我们都一样陷在爱里,你就永远不会离开我。"

在大多数关系中,成年伴侣会经历一个逐渐幻灭和分离的过程。从缱绻蜜月到柴米油盐,刹那间,和你生活在一起的人不再是那个理想中的人,而是一个更真实、更有主见、更有自我需求的人。这种幻灭既可能预示着关系的结束,也可能标志着新阶段的开始。通常情况下,伴侣们会把这种幻灭当作一种痛苦的损失，接着年复一年地去治愈这份伤痛，最终对情感关系产生更加现实的看法。这一阶段当然没那么浪漫，但对许多伴侣来说，到了这一阶段，双方相互理解，坦诚相待，关系反而会越来越亲密。

当时的我并不确定杰克和吉尔会接受伴侣心理治疗，我想这对他们来说可能太难了——他们似乎已经形成了自己的生活方式，以确保情感之路上不会出现任何分歧和曲折。不过，令我感到惊讶的是，他们在经过几天的考虑后，写信说愿意每周来治疗一次。他们还明确表示，这可不是个简单的承诺，因为他们单是过来就得花将近两个小时。此话一出，因为担心辜负他们的厚望，我这个尚在培训期的研究生不禁有些汗颜。和这么一对年龄与我父母相当的夫妇打交道着实令我有些不安。

在下一次治疗中，杰克和吉尔并没有对他们之间的问题做出进一步澄清，相反，他们依旧一心谈论着邻居和规划部门的那档子事。他们详细地描述了自己心底的担忧，害怕必须拆除工作室，以及工作室一旦拆除，会对杰克准备明年那场知名的个人展造成多大的妨碍。他们一直在我耳边强调这件事的重要性：他的首次个人展、他的荣誉。这些都是从前的工作室没能带给他的东西。

"你觉得怎么样,吉尔?"我问道,"要是没有你,杰克一个人可能不好应付。"

"问题是那个窑炉,"她自顾自地说着,没有理睬我的问题,"我们花了数千美元把它买下来,又花了几周时间把它装好,拆了就再也买不起了。那个窑炉掏空了我们的口袋。如果他们要求我们必须拆除工作室,嗯,那就……"吉尔说不下去了,她的额头像手里扭曲的纸巾一样皱了起来。这时我开始觉得,他们都害怕谈论与亲密关系有关的事。他们担心工作室被拆除,这是否也象征着他们害怕两个人的关系因心理治疗而受到影响?但现在这么说还为时过早,他们不会听,也听不懂。

等他们终于离开,我径直走向书桌抽屉,拿出里面那包丝卡香烟。我爬上窗台,打开窗户,坐到石制的窗沿上,点燃了一支烟。我心想,这会是一个缓慢的过程。

面对他人的靠近,我们内心都有一套固定的模板予以回应。孩童时期,我们观察和内化周围的关系,这些观察到的画面被我们记在心里,使我们开始对亲密关系感到期待和恐惧。不过,我们脑海中的这些印象并非是一成不变的。在我看来，它们就像是落在我们眼前的一层轻纱，扭曲现实，磨平棱角，让我们能远远瞥见未知的将来。我觉得每个人都是这样的，除非我们童年时期生活在亲情淡薄、消极可怕的家庭里。在这样的家庭里，我们会惧怕亲密关系，整个人也会变得畏畏缩缩、充满疑心。人类外表脆弱，内心也脆弱；身体容易受伤，情感也容易受伤。人类最亲近的动物，也就是狗，都要比我们坚强，比我们更容易治愈心伤。

这一点还是我在疫情封控期间接到梅兹时想到的。梅兹是一只一岁左右的矮胖杂种流浪狗，一直在波斯尼亚的养狗场耐心等人收养。她在货箱里被锁了三天，随卡车一起运来，刚和我们见面时，她十分温顺，只是身上有股臭味。梅兹的适应力很强，她会摇尾巴，但她不会直视人的眼睛，她还会兴奋地跟在看起来条件更好的陌生人身边。如果我们在遛狗时不小心落了下风，她就会自顾自地跑开，去寻找她的下一张饭票。接下来她就开始了一段叛逆和反抗的时期——自私自利，抢食，护玩具。不过，来了三个月后，也就是到八月初的时候，她就放松了许多，也顺从了许多。再然后，我们就"相爱"了。我们深情对视，那种强烈的联系感突然就出现了。

我信任她，她也信任我。这种感觉令我惊讶不已。梅兹也令我惊讶不已。我想到这么多年来，我和患者打交道，他们与我之间的信任是经历了那么缓慢而痛苦的过程才形成的。在我看来，狗没有人类那么脆弱。它们受伤可以愈合，而且愈合得比人类更快。

可杰克和吉尔还没有愈合。他们童年时期遭遇的困境如今正掣肘着他们之间的关系。再度碰到儿时恐惧的事物，他们只会选择全身而退，逃离托儿所的幽灵[1]。

接下来的一周，我都在咨询室里等杰克和吉尔。十分钟前我打电话给接待员，得知他们正在赶来的路上。但是他们现在在哪里呢？我的思绪又回到了第一次治疗时，回想起他们是如何"消失不见"的。我拿起电话又打了一遍，让接待员再次确认他们是不是还在等我的消息。但接待员告诉我，他们已经出发了。

终于，我听到门外传来一阵轻柔的沙沙声，我把门拉开，看见杰克和吉尔正排队似的站在走廊的墙边。我

---

1. "托儿所的幽灵"这一比喻最早由临床社会工作者和儿童精神分析学家塞尔马·弗雷伯格（Selma Fraiberg）提出，指父母早期严酷或创伤性的成长经历与他们的教育方式之间的关系。——译注

示意他们进来，他们慢慢地挪到椅子前，小心翼翼地坐在椅子边上。

"看来二位还没想好今天要不要来。"我热情地微笑道。

吉尔凝视着我，好像有什么话想说。可她默不作声，杰克也什么都没说。

"我想，你们莫不是希望我有读心术，所以才这么一言不发。"

杰克点点头，微笑着。

"也许你们之间就是这样吧？什么也不用说，对方就都懂了。"

杰克又点了点头，接着吉尔说道："没错，但是……"她停顿了一下，道，"但是杰克现在好像不懂我了。"

我等了一会儿，希望她能多说些什么，但她没有。

"吉尔，他怎么就不懂你了？"我问道。我知道这么做是有风险的，因为我问的问题一个接一个，最后就会变成是我在盘问她。但要想让心理治疗取得进展，我就必须帮她一把。

"我没有收入了，我们没有钱了。"

我看向杰克，但他此时面无表情。

"这种事肯定很让人担惊受怕。"

吉尔接上我的话，告诉我她曾经继承了一笔钱，而且是一大笔钱。从艺术学校毕业后，他们就一直靠她继承的遗产生活。可现在，最后的遗产都用在了建工作室上。因为杰克需要这间工作室，所以他们才建的，但现在他们什么都没有了。她无助地耸了耸肩，我又看了看正盯着窗外的杰克。

我承认那一刻我真是怒火中烧。但是看在上帝的分上，我还是控制一下吧。然后我就在想，我这种感觉是否与吉尔压抑的愤怒有关？

"吉尔，你想让杰克多参与这件事吗？你是不是觉得只有你一个人在为钱发愁？"

她看上去若有所思，然后带着一种坚决的口气说道："我不想让杰克担心。"

我整个人都陷入了绝望。接着我又重新振作起来，问道："杰克，你有没有担心过？关于财务状况？"

他摇了摇头，噘起嘴唇，但没有说话。这下我决定说得更直接一点。

"杰克，如果钱花光了，这对你来说意味着什么？"

他看起来非常吃惊，好像他之前从未考虑过这个问题。我看得出来，吉尔正紧紧地盯着他。"我真的不知道。我想我们会没事的。"

我们三个人沉默地坐了一会儿。我心如死灰，开始担心他们不会再来了，而我的导师，在听我汇报完情况之后，肯定会觉得我很失败。我必须得做点什么。但是做什么呢？

沉默似乎无边无际。最后，我说："我觉得你们都在用各自的实际行动告诉我，来进行心理治疗有多难，彼此之间商量如何克服困难有多可怕。我发现你们今天过了很久才上楼，好像你们都很不情愿接受心理治疗，我也注意到了，你们似乎都想努力解决彼此之间的问题。"

杰克开口说话了，这让我一下子松了一口气。"吉尔似乎不愿意……亲近。我也不知道为什么，就是有点丢脸……"

"亲近？"我反问道。

"对，没错，亲近。"杰克在回答的时候低着头，视线落在自己的脚上。

"也许你的意思是说，你们之间没有任何亲密举动了？"

他们都点了点头。

"你能告诉我这些年来你们的那部分生活是怎么过的

吗?"我暗示道。

随后,杰克详细地讲述了他们曾经美好的性生活。最早在一起时,两人都还是处子之身,在那个年代,人们是不会在婚前发生性行为的。他们却在那时做过离经叛道的事情。但后来他们突然就再没有发生过关系,具体原因他们自己好像也不清楚。当我听到他们回答说已经二十五年没有同房了时,我整个人都惊呆了。

"我认为没那么久,杰克。没那么久。"吉尔说道。杰克没有看她,也没有提出异议,只是面无表情地坐着,看着我。

我一时不知道该如何作答。我能对这对比我大近三十岁的夫妇说些什么呢?

这样的治疗一直持续了好几个星期。其间,要是我不推一把,他们就不会开口说话。我试着再套些话出来,可他们要么沉默不语,要么尴尬一笑,要么改变话题。这第一堂课实在令我受益匪浅,让我见识到了夫妻的嘴到底可以有多严。他们齐心协力,就是不跟我坦诚相待。但是呢,但是吧,他们每次还是会来,所以我觉得他们之中还是有人希望做出改变的。

病例讨论会属于培训的一部分,在每周去参会时,我常常会提到杰克和吉尔,在会上说起他们的事情,企图寻求帮助。每当我说起自己在这对夫妇面前多受挫时,那些年轻的同事都会用同情的目光看着我。我的导师则鼓励我坚持下去,他让我忍受挫折,理解患者对于改变的恐惧心理,还说他相信,在我的温情感化下,这对夫妇迟早会冰释前嫌。

虽然我的咨询室里空无一物,只有四堵白墙,但每个患者都把他遇到的问题、他丰富的精神生活甚至物质生活慷慨地带到了这里。他们谈论自己的家庭,谈论家里的新沙发,还有来家里做客吃饭的朋友。他们讨论假期安排,争论择校问题,在我的脑海中唤起一个个生动的场景。患者负责带我走过他们的一生,而我则负责帮助他们理解这趟人生之旅中出现的所有情感和冲突。不过,偶尔会有患者什么也没带来。我的脑海中没能输入任何与他们有关的经历和形象。这样一来,他们在我内心唤起的那个世界就会是空虚的、毫无生气的。这也是最令人担忧和最难忍受的情况。

杰克和吉尔就属于这种情况。我的脑海中没有任何形象、场景或互动经历来帮助我理解他们的生活。除了他们的职业,我脑海中空空如也,没法发挥任何想象力。

他们提到过的问题——缺少性生活、缺钱——固然重要，但不知为何就这样被搁置了。好像什么都没有发展，什么都没有解决。我感到闷闷不乐、失望不已，好像一点进展也没有。我们都被困在原地了。

虽然我问过几次，但他们很少告诉我两人早期的家庭生活，而且奇怪的是，他们告诉我的事情实在是太过平淡无奇，平淡到下一秒我好像就能忘记。正因如此，在进行心理治疗六个月后，当吉尔讲起她妹妹的事情时，我顿时心跳加速，变得警觉起来。

"她下星期要来和我们一起住，"吉尔高兴地说道，"我的妹妹琼，她马上就要出院了。"

我静静地听着，脸上尽量露出感兴趣的表情。这时我十分小心，生怕自己又跟审犯人一样，一问问题就停不下来。

"她有精神分裂症，我想我跟你说过。"我敢肯定她没说过。"她要搬过来和我们一起住了，所以我一直在收拾房间。"她顿了顿，接着说道，"但是要搬的东西太多了，所以收拾起来还挺难的。我之前请杰克帮忙，但你太忙了，是吗，杰克？"

杰克点了点头道："我不想这样。"

"不想让她来吗？"我问道。想让杰克开口还是一如既往地难，但渐渐地，他勉强承认说，他是担心吉尔太累了，影响两人的工作。

"琼这个人有时候很难伺候，她对吉尔尤其如此。如果你得一直照顾她，你怎么应付得过来呢？我们真的得把注意力都集中在个人展上。"杰克的语气中带着一丝抱怨。

"她过得太苦了，杰克。我们这一生都有好运的眷顾，而她一辈子都要从医院进进出出。我想我父母的事对她影响很大。"吉尔对着我说道。

"你父母怎么了？"我突然好奇起来，希望她能多分享一些重要的事情。不过我还是尽量克制自己的好奇心，以免吉尔看到我这么八卦，会立刻闭嘴，然后消失不见。这个过程就像是在用手中的食物引诱一只紧张的野兽。

"啊，这可说来话长了。"她尴尬地傻笑起来。随后她告诉我，她母亲过去常因神经问题病倒，而父亲见状总是大发雷霆，对母亲一顿毒打，还告诉孩子们，他这是在教他们的母亲规矩。

这段经历听起来十分痛苦，我开始为她感到难过。

"你们姐妹俩一定都很害怕吧。"我说道。可她没有理会我这句话，又接着说了更多关于她母亲病情的事情。这时我开始想，她究竟是剜去了多少伤痛，才能变得像如今这般波澜不惊。

"问题是，虽然父亲会非常耐心地劝导母亲，叫她不要整晚都在那里开关房门，可她就是控制不住自己。所以父亲才会爆发，才会打她。"吉尔说话时神情忧伤，一脸困惑。

随着谈话的深入，我才发现，原来她的母亲患有强迫症。吉尔描述说，就算家里有女佣，母亲也会疯狂地打扫卫生。母亲害怕她和妹妹头上有虱子，就坚持叫她们每天洗头、梳头四五次。当情况不好的时候，母亲还会把自己锁在卧室里，不愿出来。可能是锁几天，也可能是锁几周。具体是几天还是几周，吉尔已经记不清了。

"我觉得这件事对琼来说很难接受，她还那么小。但是我哥哥特德就不一样了。"

"特德怎么不一样呢？"我问道。

"他会掺和进去。我会跑到凉亭里躲起来，但特德……"她顿了一下，目光投向杰克。"特德会尽力去保护母亲，而且他总是这么做，所以父亲也会打他。"

她停下来看着我，没有任何眼泪，只是叹了口气。

"你知道的，他是自杀的。那会儿他二十一岁，就在我遇见你之前，对吧？"她转向杰克。

杰克点了点头，但什么也没说。

"你以前听吉尔说过这些吗，杰克？"我问。

他摇了摇头，突然显得不知所措。"我只知道特德的事，其他的一概不知。我知道吉尔的父亲脾气暴躁，你母亲身体也不太好，但你从没告诉过我。"我心想，吉尔居然从来没有把这件事告诉过杰克，这也太悲哀了。不过，我也开始明白了，他们彼此之间很少谈论痛苦或困难的事情。

"杰克从未见过我母亲，她在我们毕业前就去世了，因为心脏病发作。"吉尔直截了当地说。

"她很瘦。"杰克补充道。

"她不吃东西。她从来就不吃东西。特德也是这样。"我突然注意到杰克的样子，他真的很瘦，就跟没吃饱饭似的。

他们离开后，我开始复盘整个治疗过程，情况好像更加严重了。我突然意识到，他们两人其实都非常脆弱，如果杰克和吉尔开始敞开心扉,那么他们长期以来一成不变的关系可能就会出现裂痕,甚至变得岌岌可危。

从那以后,我的内心发生了变化。我不再感到沮丧,而是开始深深地感到担忧,或许是因为察觉到了我的担忧,杰克和吉尔开始在治疗过程中变得更加畅所欲言。后来我了解到,琼曾经多次自杀未遂;吉尔的父亲在去世前患上了路易体痴呆,出现了生动的幻视,可由于医生的误诊,他被送进了精神病院,也就是她母亲进出过的那家医院。我对她的家庭了解得越多,就越明白她为什么要和杰克一起"隐居山林"了。

几周过去了,显然,琼给他们的生活带来了不少麻烦。琼所需要的大量关照打破了他们表面上看似平静的生活。他们从前总是吞吞吐吐地念叨着邻居和规划部门,现在却不停地谈论琼。我听他们说,琼把厨房弄得一团糟,晚上还开着灯到处乱逛。我有这么一种感觉,这么说吧,虽然琼确实带来了不少麻烦,但这也是他们彼此增强信任关系的一种方式。这次的问题又是出现在他们两人的关系之外——对付共同的敌人,比如规划部门的人员或者(现在看来是)琼,他们很容易就可以做到齐心协力。

不过，他们之间开始短暂地出现了一个微小但重要的分歧。有一段时间，他们一直在聊杰克做某座雕塑要花多长时间。那座雕塑从外观看来做工十分复杂，仿佛镶嵌着成千上万的玻璃碎片，杰克日益焦虑，担心没法按时完成。我听他们讲了五遍之后，终于发出了疑问，询问他们是否想过寻求帮助，毕竟许多艺术家都有自己的工作室助理。

"除了我们两个之外，我们不许任何人进入工作室。"杰克坚持道。

我想，那间工作室就像是他们关系的一个缩影，一个把世界拒之门外的地方——一种隐居。

"为什么不呢？"我问道。我觉得他们需要挑战一下自己。对于琼做的那些坏事，他们完全是一副同仇敌忾的样子，让我忍不住想要挑拨一番。

"嗯，我们从来就没那么做过。没人能帮得上忙，没你想得那么简单，苏珊娜。"杰克气势汹汹道。

"也许琼能帮得上忙。她会擦玻璃，甚至可以贴玻璃杯。"吉尔试探性地说道。

"我可不这么认为。反正她就是不会。"杰克不屑一顾地说。接着他又转向我，补充道："她很懒的，每天睡到中午才起床。"说完杰克笑了。

"我也不知道,我只是觉得这么做可能对她有好处,而且对我也真的很有帮助。"吉尔一反常态地坚持道。

杰克耸了耸肩,接着他们又开始吐槽琼那邋邋遢遢的生活方式,抚平他们之间出现的小涟漪。

可是,像这样的分歧开始越来越多了。我看得出来,吉尔开始发表自己的看法,一点点试探杰克了。那我当着她的面温和地质疑杰克,会对她有所帮助吗?她是不是开始不那么害怕表达自己的观点了?

时间来到九月,我与杰克夫妇的心理治疗已经进行了将近一年之久。那是我暑假回来的第一次心理治疗,我像往常一样给楼下的接待员打电话,叫他们上来。可这次一小时过去了,还是不见他们的身影。我站在门口,远远望着走廊那头的电梯,期待着他们下一秒就出现。电梯门开了,人群一窝蜂地走了出来,杰克和吉尔却不在其中。我回到咨询室,再次打给接待员,可我连试了好几次,电话都处于占线状态,根本打不通。我又焦急地朝走廊望去,还是没有一点动静。他们在哪里?

大约二十分钟后,我终于听到了门外的脚步声。我从椅子上一跃而起,拉开门,看着他们拖着脚步走进来。当他们整理提包时,我仍耐心地等待着,虽然我感觉自己已经没有耐心了。然后,我们坐了下来,专注地看着对方。

"楼下出什么事了吗?"我问道,"我还在想你们去哪里了呢。"

两人一脸尴尬,吉尔低着头,杰克目光闪躲。一种尴尬的气氛笼罩着整个房间,我也不知怎的开始觉得有些燥热不安。我问了什么不该问的问题吗?

吉尔抬起头来。"对不起,让你久等了。有时候,我们会一起……去厕所……抱一下。有时候,我想是当我们压力很大的时候,我们就会在进厕所前抱一抱。"说完她看着杰克,两人都笑了起来。一想到他们之前每次从候诊室走来,好像也是花了很长时间,我也笑了起来。"是不是休息太久了,现在回来治疗觉得有些压力了?"我问道。

沉默了一会儿后,吉尔又开口了。"琼回医院去了,我上周末把她送回去的。"她一脸忧郁。"她把杰克工作室里的一座雕塑砸了。"

我深吸了一口气,震惊地看向杰克。杰克发出一阵重重的叹息，然后慢悠悠地说道："是的，彻彻底底毁了那座雕塑。用的是锤子。"

这种令人震惊的破坏行为，与杰克和吉尔的冷静态度形成了鲜明的对比。"疯子"琼拿着锤子撒泼，而他们还能平静地坐在这里向我说明原因：其实杰克并不打算展示那件作品，琼没有把"洞穴"给砸烂已经是谢天谢地了。

"洞穴？"我问道。

"哦，那是琼帮忙创作的一座雕塑，那座雕塑真的很大，而且很重要。如果被她拿锤子给砸了，那可就真完了！"

于是他们开始谈论起那座雕塑，说它做起来有多复杂，以及他们多希望能把它卖出去。那件作品从外观看来就像是一种逆马赛克装置：通过玻璃碎片的折射，其表面大部分都是隐藏不见的。他们没完没了地谈论着玻璃碎片的用量，以及杰克的经纪人给出的估价。一开始，我还觉得他们的对话很吸引人，但后来我想起了琼，还有这种令人震惊的暴力行为。

"听你们说起这件雕塑作品，我不禁想到，其实你们也在隐藏吧，你们都躲在洞穴里，逃避会招致痛苦的事物。你们告诉我发生了可怕的暴力事件,却很难真正深入这个话题。也许,你们是因为想到要跟我说这件事情,才在谈话前就躲进了'厕所洞穴'?"

杰克瞪着我,显然很恼火。

"我不知道为什么要来见你,苏珊娜。我今天真的不想来。我不明白这有什么意义,要不是吉尔执意要来,恐怕我再也不会来了。我真的不认为深究这些东西有什么用,我们要向前看,而不是回头。我现在得把注意力放在个人展上,而不是琼或这件……事情。"

我从来不知道杰克原来这么易怒,这么直接。他第一次说出了自己的想法,这令我感到如释重负。

"别这么粗鲁,杰克!"吉尔插嘴道,"苏珊娜只是想帮助我们。你总是对我们的治疗这么消极,我真是受够了。"

"我觉得这就是没什么用。如果不是苏珊娜的建议,琼根本就不会来工作室。这件事把一切都打乱了,完全就是在拖后腿。从那以后,你整个人也不在状态。这有什么用呢?"杰克说完了,他满脸通红,声音也气得发抖。

这一刻,他身上决堤般涌现出了某种原始而猛烈的东西。压抑已久的愤怒此刻还未消散。我试着安抚他们的情绪，可并没有什么用。这次治疗就这样糟糕地结束了，离开时，他们都没有跟我对视。

第二周我便收到了他们的消息，说很抱歉来不了了。我心里虽然担心，但并不感到惊讶。他们以前从未取消过治疗，上次闹得不太愉快，我担心他们因此受到惊吓而终止治疗。我独自坐在咨询室里，咬着圆珠笔写下了一封信，上面写着我期待下周与他们见面。可到了下周，我等了整整一个小时，他们还是没有来。我与接待员反复确认。他们来电话了吗？不，还没有。于是我又写了一封信，信里表示上次的治疗过程确实很艰难，并且提醒他们，下周我还会等他们来。我知道如果他们再不来的话，我可能就得结束治疗了。这样一来，我的培训就会产生诸多问题，我也会觉得自己辜负了杰克和吉尔的期待。得知此事后，我的同事纷纷安慰我，导师也告诉我，伴侣们会尽力去避免可能伤害到感情的改变。

又过了一周，我完全不抱期待了，他们一直没有联系我，我敢肯定他们不会来了。所以，当下午三点整电话响起，接待员告诉我杰克和吉尔正在上楼时，我才会那么惊喜。几秒钟后，我听到他们的脚步声从走廊传来，于是我赶紧开门让他们进来。

"上周的事我们真的很抱歉,苏珊娜。"吉尔在坐下时急忙说道,"我们应该联系你的,但我们前段时间过得不太容易。"她朝杰克点了点头,我顺着她的目光看向杰克的手,那只手被厚厚的绷带遮住了。

杰克看着我,眼神里有些羞愧和尴尬。

"出了什么事?"我温柔地问道。

"你说。"杰克向吉尔恳求道。我看了看吉尔,她看上去干瘪苍老,像是生气都被吸干了似的。

"他用尖凿刺伤了自己。他有点……有点……心烦意乱,然后他走进工作室,嗯……弄伤了自己。"

一阵沉默。

"他住院了,昨天才刚出院……"吉尔的声音越来越小,几乎听不见了。

就这样听了好一会儿,我才慢慢听明白他们是如何叫救护车,杰克是如何在事故发生时痛苦万分,又是如何住进了精神病房的。我说,杰克总是那么安静克制,他自己还有吉尔看到这个场面时一定很害怕。

他们对我的评论沉默不语。杰克低着头,直盯着自己的手,吉尔则满眼期待地看着他。

"这不是第一次了,苏珊娜。我以前也见过他这样。他以前干过这事。"吉尔尴尬地说,像是在向我坦白一些秘密。

我看向杰克。他还会再说些什么吗?

"我们还在上学的时候,就在我们期末考试、毕业展前夕,我变得非常紧张不安。"

"你割腕了。"吉尔插嘴道,要杰克说得更具体些。

"没错,"杰克勉强点了点头道,"是的,我割腕了。那时我以为我要挂科了。"

房间里的气氛一下子紧张起来,吉尔像是在羞辱杰克,剥去杰克的每一层自尊。我能感觉到他们之间的那种羞耻感和伤痛感,我得找个办法帮杰克一把,让他谈谈自己。

但当时说起这件事的并不是杰克,是吉尔告诉了我他们去看过精神科医生的事,是吉尔告诉了我他们商量用药物治疗,也是吉尔告诉了我他们下周得去参加后续治疗。而且,我感觉她话里话外都是在安慰杰克,说话的语气就好像弄伤自己的人是她,他们下周二要一起去看医生一样。我专注于这场舒适的谈话,而杰克却沉默不语,沉浸在自己的感情之中。突然间,原本那股天然的坦诚消失了,我们又回到了最初那种缄口不言的状态。每个人的情绪都平静了下来,在接下来的治疗过程中,不论我说什么、问什么,收到的回应都是抵触和微笑。

我的思绪飘忽不定,我想要帮他们变得更加真实一些,却又有一种深深的无力感。也许我不应该去深究这件事,毕竟,挑起事端似乎只会让事情变得更糟。也许他们只是需要解决完问题,再回到自己的舒适圈。可我怎么知道呢?

我心情沮丧地坐在那里,不知该怎么帮忙,所以直至吉尔那安抚人心的声音渐渐消失,我也什么都没说,我们就那样静静地坐着。

"也许,我们一直在想,是不是应该暂时告别你一段时间?"吉尔又开口道,"我想我们得去精神科医生那里看看……也许我们这样做会更好?"

"你是不是担心杰克承受不了?你想保护他,你觉得让他别来了会更好?"

"是的,我想是的。"

我们都看着杰克,等待他的回答。

"我们还会来的。吉尔,你想来,那我们就一直来。"杰克说道。

"没事,杰克。等你好些了我们就回来。"吉尔回答道,"我们还可以回来的,是吧?"吉尔一面问着,一面焦急地看着我。

吉尔这般焦虑烦躁实在令人厌烦。我有一种感觉,这种过度保护会逼得杰克更加沉默。于是我突然想到了吉尔的哥哥,还有他自杀的事。这是不是就是吉尔如此小心翼翼,避免惹恼杰克的原因?她这样做是因为她总害怕他会自杀吗?

"吉尔,我想到了你的哥哥,还有你说在你们第一次见面时,杰克让你想起了他。"

她点了点头,于是我接着说了下去。

"我注意到你似乎很想保护杰克,但我看得出来,对于发生的种种事情,你其实有许多自己的看法。"

她又点了点头,但没有那么坚决了。

"我是在想,你想要保护杰克的愿望之所以如此强烈,是因为你非常担心历史会重演,你可能会像失去你哥哥那样失去杰克。"

"是这样吗?"杰克目不转睛地看着吉尔问道,"你担心的就是这个吗?"

吉尔微微耸了耸肩。"也许……也许吧。"她若有所思地说道。接着她又谈到了特德，说起自己有多么想念他。他离开得太突然了，时至今日她都不明白他为什么要自杀。她还描述了特德当时是如何驾驶货车冲下悬崖自杀的，事发地就在他们长大的地方附近。他们前一天还一起吃过午饭，他看起来神色如常，一切都很好。随后我们都静静地坐着，想起特德，吉尔静静地哭了起来。

"看来你一直无法真正理解你哥哥的死。你觉得你能理解杰克为什么要伤害自己吗？"我问道。

"不，我真的不理解。我知道自己应该理解的，可我不理解。我不理解。"

"你是不是觉得不能直接问他，因为这么做感觉会很危险，吉尔？"

她点点头，满眼期待地看着杰克，可杰克却沉默不语，只沉浸在自己的恐惧中。

"我不知道他在想什么，苏珊娜。我以前知道。但现在我不知道了。"

"也许你们心中那种心有灵犀、亲密无间、确定无疑的感觉已经改变了？"

"吉尔变了。"杰克直截了当地说道。

"我变了吗？我没变！我觉得我没有。我有吗？"

"吉尔哪里变了，杰克？"我问道。

"你还爱我吗？"杰克说，他转向吉尔，没有理会我的问题。

"我当然爱你，我当然爱！所以你才刺伤了自己，是吗？我真的爱你，杰克，真的。哦，我爱你。"

那时的我其实很失望，因为我觉得自己没能帮到杰克和吉尔更多。我有着青年心理治疗师的满腔热情和理想主义，并不明白伴侣只需要改变一点点，就能让生活变得更有价值、更有希望。他们是一对"林中孩"夫妇，他们之间全部的情感关系都是为了抵御童年时期所惧怕的黑暗，摆脱可怕的不确定性。渐渐地，他们走出了"山林"，直面那些多年来出现在自己和对方身上的一直困扰着他们的问题。他们对彼此，甚至对我，都变得更加坦诚和真实。无论在哪种关系中，这种坦诚都能给他们自己，也给他们的婚姻带来更强的韧性。

后来，杰克开始自己去看心理治疗师，这么做不仅帮助他克服了恐惧，也减轻了吉尔身上的担子。四年后，我离开了那家诊所，我们也一致认为似乎是时候停止这场伴侣心理治疗了。我本以为这场治疗会一直继续下去。他们的生活方式中有一样东西是永恒不变的,也正是这种永恒性对我的工作影响颇深。后来,我们的相处变得舒适了起来。虽然他们隔三岔五就跟我说,他们可以是不同的人,可以有不同的想法,但他们内心深处仍然渴望合二为一。我想,他们只是觉得这样最有安全感吧。

不停亲吻青蛙的克里斯托夫

我时而会想，人类是否能够摆脱生理的桎梏，掌控所有情绪？多年以前，我总是梦见自己驾车上路的场景，可人小车大，无论我如何努力，最终还是刹车不及，酿成悲剧。这个梦是不是就说明我当时心存焦虑，害怕情绪失控？还是说，梦中的情景是我蹒跚学步时有过的真实经历，而我当时惊吓过度，难以承受，这才落下了后遗症？随着年龄的增长，我们大多数人都学会了情不外露，可在面对情感关系时，我们还是会不由自主地被爱情冲昏头脑。

有些患者对于自己的情绪和愿望全然不知，因此，他们一旦有所发觉，就免不了大吃一惊。情绪的力量太强大了，正因如此，人类才会想方设法地去压抑它。有人靠体力运动转移注意力，还有人一心扑到工作、电子游戏上，或者沉迷小说无法自拔。有时，情绪还会反映到身体上，叫人头痛、背痛，或者莫名其妙地胃痛。当然了，我们还会采取一些不太健康的方法来压抑和管理情绪，比如用酒精或药物麻痹自己。

不过，还有一种管理情绪的常规方法，这种方法鲜为人知，在精神分析理论中称为"投射"。投射是一种心理过程，指的是将某些自己无法接受或不予承认的特质加诸他人。比如说，当我们对自身的某种情绪（如贪婪、好斗等）感到羞耻时，为了摆脱这种羞耻，我们会转而到他人身上去寻找相同的特质，这就是常见的投射心理。

投射还可以用以解释那些令人费解的事物，比如人类出现民族仇恨的原因和种族灭绝的方式。可悲的是，某一群体身上的丑陋品质（如欺诈、贪婪等），往往就是招致另一群体受到污蔑、憎恶乃至残忍攻击的原因，这一点我们早已屡见不鲜。总有一方会成为所谓"正派"，而另一方则要背负一切唾骂。

我在咨询室里见过的投射行为不少，但没有这么夸张。曾经有位患者因不堪嗜睡和抑郁的困扰来找我。开始治疗前他告诉我，他周末刚把十几岁的儿子训了一顿，因为儿子整个周末都在打游戏、看手机。这位患者还抱怨说，他给儿子买了吉他，还花钱报了班，可儿子从来就没练过吉他，没认真学习过，也没做过半点有用的事情。很快我们就明白了，他之所以对儿子大吼大叫，其实完全是焦虑心理作祟——他心底最焦虑的事情，就是自己做事拖沓。他觉得自己很失败，一直以来总是说到做不到，这才来进行治疗。综上所述，我们最终明白了，他嘴上一直在指责儿子懒散，实则是想借此减轻自己的焦虑感和挫败感。理解了这一点，患者对儿子恨铁不成钢的失望感得到了缓解，父子间的关系自然也就改善了。

"投射性认同"是另一种更为具体的投射，这种投射通常发生在亲密伴侣之间，即把自己身上不喜欢的特质投射到伴侣身上，让对方在不知不觉中习得这一特质。例如，如果原生家庭教育我们，弱点是可耻的，是"脆弱"的表现，那么为了摆脱这种羞耻，我们就会将自身的弱点投射到伴侣身上，并将对方当成弱者来对待。很奇妙的一点在于，如果对方不太在意自己的弱点（也许他们的原生家庭本就允许他们偶尔展露弱点），那么随着时间的推移，我们就会逐渐发现，自己也没有那么担心表现得"脆弱"了。伴侣在情感上让我们明白，那些令我们感到羞耻的特质，其实并没有我们想象中那么糟糕。如此一来，我们就可以开始去了解、去喜欢先前惨遭否定的那部分自己了。当然了，在这一过程中，我们的心理会得到一定的成长。在有爱的伴侣身上有所收获，在情感上变得成熟，这是情感关系中极具创造性的部分。

有时，这种投射而来的特质会被伴侣中的一方"保持"多年。比如一方（通常是女性）焦虑，而另一方（通常是男性）完全不焦虑。也许女性更容易适应焦虑的感觉，而男性更喜欢树立镇静、坚忍、沉着的形象？对于孩子、家务乃至长辈的健康问题，女性总是很上心，而相比之下，男性似乎对这些事情毫无兴趣。伴侣之间常以这种方式来划分情绪，将难挨的感受全部加诸一人。不过，多年的伴侣心理治疗师的经验告诉我，事情一定不像表面上看到的那样简单：那些貌似只有一方才会感受到的巨大焦虑感，实际上是双方所共有的。

朱利安和克里斯托夫在一起有十几年了。在第一次参加心理治疗时，这对璧人就直言两人在要孩子这件事上意见不合，需要帮助。

克里斯托夫衣着光鲜亮丽，四十来岁，却打扮得非常年轻。他看上去十分健朗，但又满脸憔悴，皱纹密布，像是晒多了太阳。他时不时地就会嘴角上扬或者笑出声来，露出孩子般高兴的表情。这副孩子气的模样不禁唤起了我心中的母性，让我觉得他需要许多的爱和照顾。

朱利安虽然比克里斯托夫小八岁，性格却要冷静和克制得多。朱利安皮肤光滑，脸上总是没有任何表情。他每次过来总是穿着一身深蓝色西装，蹬着一双擦得锃亮的拷花皮鞋，而且基本上不会主动说话。

早在心理治疗前期，这对伴侣就确定了两人之间的核心问题——所有情绪和欲求都只属于克里斯托夫一人。想要孩子的是他，想要性爱的是他，想要度假的是他，想要新沙发的还是他。无论他们讨论什么事情，不管是要孩子还是搬新家，克里斯托夫都是带头的那一个，而朱利安要么顺从接受，要么消极抵制。朱利安似乎无欲无求，他只是尽力让自己变成一个小透明。

这种情况真的很令人沮丧。好在每次我听完两人的故事，向克里斯托夫提出自己的见解，他总会热切地听着，好像完全理解了我的想法。再不然，他就会对我的想法改造一番，使之成为他自己的想法。他这么做可能是因为一开始他就对我的想法有异议，不过如此一来，整个交流过程往往就会变得天马行空、十分有趣。简而言之，克里斯托夫愿意接受我的帮助。

朱利安的反应则完全不同。当我向他表示理解，希望借此打动他的心时，他总是顽固不化、油盐不进。他也不是不听——他只是没听进去而已。这可真叫人恼火。我几番尝试，想要拉近与他的距离，却感觉对方好像无动于衷。尽管他总是彬彬有礼，认真倾听，但与克里斯托夫相反，他似乎对两人之间的问题没有任何情感上的看法或洞见。朱利安总说自己没事，一切都好，好像两人已经达成共识，认定克里斯托夫就是那个焦虑、烦恼、需要帮助的人。通常来说，整个治疗期间我都是在听克里斯托夫向朱利安急切地倾诉自己的满腹牢骚，而朱利安，虽然没有表露出明显的反驳情绪，却也只是不为所动地静静坐着。

经验告诉我，这种看似两极化的情况，基本是因为两个人身上都有问题。他们之间为什么会形成这样的关系？潜在的原因是什么？在很长一段时间里，我根本不明白他们到底是怎么走到一起的。不管怎样，像朱利安这种成功人士，居然会在治疗期间表现得这么顺从、这么空洞，这一点实在是勾起了我的兴趣。二十岁时，朱利安就创办了一家科技公司，员工现有近一百人。很难想象，这个现在坐在我灰色沙发上的头发苍白的人，竟然会有这样的魄力和干劲，能够创办一家如此成功的企业。后来我开始注意到，每次（哪怕只是偶尔）谈到工作时，朱利安就会变得更加活跃。我也不止一次表示过，朱利安的热情和雄心似乎都寄托在了他的工作上，而克里斯托夫的热情和雄心则放在了他们的这段关系上。

有趣的是，朱利安每次谈到工作，克里斯托夫总会闷闷不乐、沉默不语。但随后话题又会像往常一样回到克里斯托夫身上，回到他的匮乏感和欲求上。一切似乎都没有改变，当然，我也因此开始变得和克里斯托夫一样沮丧。

精神分析疗法中的"进展"问题十分复杂。认知行为疗法通常将我们所说的"症状减轻"作为治疗目标。例如，对抑郁症患者来说，一旦抑郁的症状消失，治疗就算是完成了。而在其他疗法中，心理治疗师会同患者一起讨论、商定治疗"目标"，并且安排一定数量的疗程来努力实现这些目标。精神分析疗法则完全不同，这也是有些人会对这一疗法持批评态度的原因。不过，精神分析疗法的魅力在于，采用这种疗法就像是在经历某些故事的显露、结下新的缘分，有时还能弥合感性与理性之间的鸿沟。只有让感性和理性两相结合，我们才能真正把握自己的立场，拥有完整的感觉。许多人来找我时十分担惊受怕，却不知道自己到底在害怕什么。对于自己恐惧的事物，理解它、正视它、挖掘它，这种做法不仅是在肯定人生的价值，还能拓展人生的宽度。恐惧带我们走近内心的情感真相，促进我们心智上的成长。

不过，伴侣心理治疗与个人精神分析疗法有些不同，因为前者往往包含一项更为具体的议程，这项议程要么是想停止两人之间的争吵，要么是想发生关系，要么就是想在某些问题（如住址、教育孩子等）上达成一致。伴侣来参加心理治疗，要么是为了锦上添花，让两人的生活更加幸福美满，要么就是因为他们不确定这段关系该何去何从。通过心理治疗，伴侣双方会极大地增加对自身的了解（有时比个人治疗要了解得多得多），但他们通常还是想关上门解决问题，然后结束治疗。

作为一名心理治疗师，我想要的是什么？职业操守要求我不能奢求太多。英国权威精神分析学家威尔弗雷德·拜昂告诫诸位同行要摒弃"欲望"。心理治疗师的工作不是要求某位患者或某项疗程的特定结果。他说，心理治疗师的工作很简单，就是不带一丝先入之见，不带任何心理预期，只将本人真真实实地呈现在患者面前。为了揭示某个人背后的真相，精神分析学家必须抛却以往经验或知识的包袱，全身心地投入。"精神分析学家应该致力于达到这样一种精神状态：每次治疗时都觉得自己是第一次见到患者。"[1]

如此去思考问题，就算是我这么一个沉不住气的人，也会变得更加耐心。我非常清楚，患者的成长需要时间，我可以通过参与、关注和提问来加速这一过程，但我不能揠苗助长，强行让它发生。

不过，就算是经过这样的专业训练，我承认我还是对这件事情感到非常恼火。我本觉得克里斯托夫比朱利安更容易相处，但几个月过去，克里斯托夫依旧每天怨天尤人，这让我觉得他也不是那么好对付了。

伴侣心理治疗进行到第十四个月，发生了一些事情。朱利安和克里斯托夫每周的常规治疗时间是在周四深夜。

---

1. Wilfred Bion, 'Notes on Memory and Desire', first published in *The Psychoanalytic Forum*, vol. 2, no. 3 (1967). ——原注

他们一般是我每周面见的最后一对患者,当然,这并没有让我的头疼得到半分缓解。但在某个周二的晚上六点半,我正收拾东西准备离开,电话铃声却响了起来。太奇怪了,这会儿应该不会有人来的。

我拿起听筒,听到克里斯托夫那一向欢快的声音:"嘿,我是克里斯托夫,我们来了!"

有那么一会儿,我脑子糊涂了。今天是几号?几点?接着,我对着听筒把这些话大声说了出来。我听到电话那头的人吸了一口气,还听到克里斯托夫对朱利安说:"我们搞错日期了。"

"哎呀,是的,我想你们确实搞错日期了。"我答道。

他们紧张地笑了笑,说周四会来找我,于是我们很快就通过对讲机结束了这场奇怪的谈话。我在咨询室里多待了一会儿,免得跟他们在楼下撞见。我一面走回家,一面思考着今天发生的这件事。

两天后,我满怀期待地等待着朱利安和克里斯托夫的到来。我想朱利安会为上次的错误而感到羞愧,但我不确定他会不会表现出来,而克里斯托夫则会大谈特谈,说那件事让他"窘迫得要命"。

我等了他们很久,甚至突发奇想,觉得他们是不是不会来了。但十二分钟后，门铃响了，他们匆匆忙忙地走进我的房间。

"哦，我的天哪，"克里斯托夫气喘吁吁地说，"我们真是白痴！"接着他解释说，朱利安那天下午发短信约他在约翰·路易斯百货公司外见面，那是他们每次来心理治疗前会合的地方。克里斯托夫那天没有上班，他离开家，坐上地铁去见朱利安，不想两人都记错了时间。他在说这些话的时候手舞足蹈，高兴极了。但渐渐地，他兴奋过了头，反过来开始指责和羞辱朱利安。

"其实是因为……朱利安等不及要见你了，苏珊娜。每周他都要问我周四是不是要去见你，但他自己其实早已经把这事记在日记里了！我不知道为什么，但他总是谈起你！是吧，亲爱的？"他幸灾乐祸地笑道。

你可以想象我听了这话有多惊讶。朱利安每周都那样冷冷地坐着，完全没有表现出任何对治疗（当然还有对我）的投入。他的一举一动都让我觉得他只是在完成任务，而不是在热情参与。同时我也觉得很奇怪，克里斯托夫怎么会这样说朱利安？他这般不留情面，让我不禁好奇起来，那一刻，在他把话题从自己身上扯到朱利安身上时，他到底是什么感觉？是觉得不好意思？是有一种匮乏感？还是觉得很丢脸？

于是我问道："你们是不是觉得早来两天有点不好意思？觉得犯这种错误很丢脸？你们是不是都觉得来早了会暴露出你们对我、对治疗的依恋，显得你们很脆弱？"

两人神情严肃地点了点头。慢慢地，他们开始说起自己对这些治疗有多看重、多期待。

"要是没有来你这里，我们早就分手了，"朱利安说道，接着他又一反常态地补充了一句，"克里斯托夫这会儿应该就离开我了。"

两人沉默了一会儿，克里斯托夫一脸疑惑，埋怨道："我不懂你为什么觉得我会离开……明明你更、更、更可能这么做。"

我对这一新发展很感兴趣，现在似乎更清楚了，他们都害怕对方会结束这段关系。克里斯托夫以前肯定表达过这种担忧，但朱利安没有。是不是有什么东西变了呢？

几周过去，他们在谈话时似乎都更放得开了。以前我们总是围着同一个问题兜兜转转，现在总算有了新的话题。就在复活节假期前，我在开始治疗前提醒他们我打算离开两周。他们看起来都很压抑，点了点头。朱利安一副公事公办的样子操作着手机说："好的，记到日记里了。"然后有好长一段时间，他们谁也没有说话。

我开口道："这次治疗后得空一段时间了，你们会不会感到很不安？"

克里斯托夫没有理会我的话，而是对朱利安说道："我想我们需要和苏珊娜谈谈你上周六说过的话。"

朱利安不安地扭动着身子，瞪着克里斯托夫。"请便。"他回答道。

听了这话，克里斯托夫开始描述起他们的那次对话。上周末他们认真地讨论过分手的事，因为朱利安下定决心不要孩子。永远不要。他不希望两人之间的关系发生变化，他认为克里斯托夫既不会带孩子，也不愿意去领养孩子。他不会那样做的。不是当下不想，而是永远都不想。克里斯托夫顿了一顿，最后说道："后来我跟他说，如果他不考虑要孩子的话，那么我们就真的没法继续下去了。我们想要的东西不同，我们是没有未来的。"

一股阴郁的末日气息笼罩了整个房间。朱利安坐得笔直，双眼凝视远方，避开我的视线；克里斯托夫则交叉双臂，耷拉着肩膀，对着我和朱利安来回瞥了几眼。

在接下来的治疗中，我试着去唤起他们内心的伤感。我告诉他们，这种情况对他们来说有多绝望，我还试着去了解他们在面对两人之间似乎无法弥合的分歧时的感受，可他们一味地沉浸在熊熊怒火之中，并没有直接给我回应。我慌了。他们就这么草草地决裂了吗？他们的关系上一秒还牢不可破，这一刻突然就岌岌可危了。

动则生变。有些伴侣进展稳定，有些伴侣停滞不前，还有些伴侣状况不断；最后一种伴侣最容易出现危机。这种危机可能导致分手，甚至还可能导致关系破裂。心理治疗师需要在患者口无遮拦、情绪爆发的危急时刻稳住他们，帮助他们度过这段不稳定的转型时期。克里斯托夫和朱利安是要分手，还是要突破？

我在前面提到过，伴侣之间最破坏感情的一件事就是拿分手来威胁对方。我还解释过，诸如此类的威胁只会加剧对方担心被甩的焦虑感，破坏两人之间基本的安全感和信任感。为了探清克里斯托夫和朱利安是否真的明白分手的后果，我建议他们下周再过来与我谈谈这个问题，考虑清楚之后再做决定。他们都同意了。

三天后，我收到了朱利安的短信，告诉我克里斯托夫已经搬走了,他想要尽快进行下一次心理治疗。看到朱利安破天荒地提出这样的要求,我当即同意第二天就去见他。当朱利安走进咨询室时,我还在想他怎么一副惊愕的表情。他坐到沙发上,身体僵直,双目圆睁,目光呆滞,接着机械地叙述起克里斯托夫离开的事。

"克里斯托夫在弗朗辛家,你知道的,就是他妹妹家……"他的声音越来越低,我们静静地坐着。最后,我让他多跟我说说上次治疗后发生的事情,他煞费苦心地解释说,克里斯托夫对他很生气,说他现在觉得自己一直在浪费时间。朱利安说完耸了耸肩,等着我再问;他看起来像往常一样无动于衷,哪怕是他刚刚失去了自己的伴侣。

"你确定不想要孩子?"我问道。

像往常一样,我的提问总会让他局促不安。"我不知道。也不是完全不想要,我只是觉得这事不会真的发生。我觉得这机会太渺茫了,真的。我觉得我们没法把这整件事做好的。说实话,我觉得克里斯托夫应付不来。我只是觉得我们现在的处境还不足以做那样的事。我们怎么能一边讨论分手,一边讨论要孩子的事呢?在我看来这很荒谬。"

在他费劲地组织语言的时候,我突然想到,这些困惑的感觉可能与他们是同性恋有关。我在想,我是否能找到某种方法来和他一起探索这个问题。

"朱利安,我想知道,你觉得你和克里斯托夫能扮演好父母的角色吗?"我试探性地问道。

"老实说,我不确定我们能不能。"朱利安回答。

"为什么说不确定?"

"有很多原因。我们都不确定……自己适不适合干这个。"

"适合干这个?因为你是同性恋?"

朱利安耸了耸肩,貌似不知如何作答,道:"也许吧。"

"你是不是在某种程度上觉得同性恋伴侣不可以组成家庭?不能成为好的父母?"

"我父母肯定会这么觉得,"朱利安突然激动起来,"他们会……吓坏的。"

接着朱利安开始说起他的家人,还告诉我他的家人有多么反对这段感情。这些人几乎都不敢直视他和克里斯托夫的眼睛,朱利安无法想象如果他有了孩子,他们会怎么样。

"克里斯托夫好像根本不了解我的家人。他的姐妹和母亲跟我的家人太不一样了，他们不会……"

"害怕同性恋？"我补充道。

"嗯，我想是的。"朱利安用平淡的声音说道，"克里斯托夫就是不明白事情的复杂性，他只想要他想要的，一旦我给不了他想要的，他就会很沮丧。"

"怎么你在形容克里斯托夫会有多么生气、难过的时候，好像完全无动于衷？"我评论道。他盯着我看了很长时间，像是在和我比谁先眨眼似的。"我想知道你的感情出了什么问题，朱利安？尽管克里斯托夫离开了，但你似乎没有感到任何愤怒或悲伤。"

在那一刻，他似乎放弃了。他低下头哭了起来。我突然感到一阵怜悯——朱利安很少令我产生这种感觉——于是我告诉他，其实他很难让自己表露出伤心的情绪。突然，他停止了哭泣，痛苦而愤怒地说道："哭有什么用？又不能让他回来。"

"也许能的，"我说道，"我想克里斯托夫看到你这么痛苦会感到很惊讶的，你以前应该从没对他或对我表现出这种感受吧？"

他点点头，开始试探性地说起他其实非常关心克里斯托夫，但他真的讨厌这种感觉。他觉得克里斯托夫好像把他困住了，而且总是想叫他越困越深。

"我想知道，你觉得你被什么困住了？"我问道，"你是不是觉得要是承认你想要他，想和他一起生活，你心里就会害怕，害怕他会抛弃你？要是告诉自己你并不是真的在乎他，你就能保持一种不会受伤的错觉？朱利安，我很想知道你小时候到底经历了什么事，让你表现得这样拒人于千里之外？"

我望向朱利安，静静等待着，希望他现在能多讲讲他的童年。他提供的信息太少了，而且只是在陈述事实，叫我没法对他的家庭产生真实的了解。如果他和克里斯托夫之间的关系发生了变化，有些事情就一定得探究到底。我们得进一步了解朱利安害怕表达自己感情以及难以表达自身需求的原因。

朱利安看起来若有所思道："你知道我七岁就上寄宿学校了吗？"

"七岁？不，我不知道你这么小就去了寄宿学校，我以为你年纪大些了才去的。你知道为什么他们在你这么小的时候就把你送去寄宿学校吗？"

他摇了摇头。"我不记得了，但我母亲，你知道的，她不是一个很有爱的人。她总是说我很黏人，我想她是受不了了。"

我在想,他这里所说的"受不了"指的是不是受不了"我"。

朱利安告诉我,他母亲每次都答应说只要他乖乖睡觉,就会上楼来给他晚安吻。于是他坐在楼梯上等啊等,有时等不下去了,他就下楼去找母亲,接着父亲就会嘲笑他,把他带回楼上,怪他睡觉不安分,最后揍他一顿。

眼前的朱利安就像是一个非常渴望母爱的小男孩,想到这里,我的眼眶不禁湿润了。他的父母怎能如此残忍地把他晾在一边呢?他父亲怎能因为他渴求关注而嘲笑他呢?可是,就在我完全共情之时,朱利安讲述故事的语气却冷漠至极,仿佛事不关己似的。

"朱利安,你似乎无法与你口中的那个小男孩产生共鸣。你现在的表现就像是失去了一部分自我,像一座冰山似的。我觉得你是在逃避内心的感受——你想要克里斯托夫,你渴望他,需要他,可你觉得这太危险了。你热恋着他,对他有爱的感觉,可你觉得这在某种程度上……是可耻的。"

接着,他谈到了自己童年时期遭受过的几次羞辱,其中最能说明问题的一段经历就是,每次他父亲揍他——

这种事经常发生——他就会尿裤子，他父亲会更加愤怒，父亲就会说他很差劲、很恶心。

治疗继续进行，朱利安开始将自己无法向爱人表明心意这件事与这些童年经历联系起来。他说他只知道一件事，那就是他从来不想依赖任何人。

朱利安离开后，我写下一封电子邮件发给他们两人。我在邮件里说，看到他们陷入如此困境，我非常难过。我告诉克里斯托夫我已经单独见过朱利安，还劝他们周四一起过来。我很难过自己没能帮他们处理好这场危机，但朱利安和克里斯托夫之间的关系就像是一只停滞已久的巨大齿轮，如今齿轮开始转动，他们的关系也将经历巨变。这一变化会改善还是破坏他们的关系，我们只能拭目以待。

这周剩下的时间里，我都忙得团团转。我当时有一篇书评要写，而且除了平常的治疗，还有一连串的会议要开。我不时想起朱利安和克里斯托夫，但时间来到周四晚上，我还是不确定他们到底会不会来。下午六点半，我心头突然涌起一阵巨大的失望。他们两人的心理治疗就这样结束了吗？我怅然若失，一时间困惑不已。这对恩爱的眷侣肯定会试着去解决问题的，对吧？

时间一分一秒过去,我开始失去希望了。我看了看手机,没有留言。我打算再写一封电子邮件,可刚写完"亲爱的朱利安和克里斯托夫"几个字,门铃就响了。

朱利安面色苍白、神情戒备地第一个走进房间,这可是以往没有的事。克里斯托夫跟在他身后,没有了往常的活力,很不情愿地拖着脚步走了进来,他双目低垂,好像进的不是咨询室,而是校长办公室似的。朱利安一反常态地主动开口说话,为这次的迟到道歉,接着他开始起劲地向我说起最近的进展。

"好吧,我照你说的做了。我们昨晚见过面了,我跟克里斯托夫说了我有多在乎他,我希望我们能继续走下去,就像你说的那样。"

很明显,朱利安肯定是没忍住把克里斯托夫追了回来,但他这话说得好像是我叫他这么做的,而他就是个服从命令的乖孩子。简单报告完毕,朱利安像往常一样陷入了沉默,等着别人来接话。

我看克里斯托夫不为所动,身上似有一股怒气,便说他好像不愿意来这里。他回答说,他过来只是因为他知道我一直在努力帮助他们,他不想让我失望。

此刻的气氛实在令人绝望,我们都郁郁寡欢、默不作声地坐着，而我独自陷入了沉思。过了一会儿，我抬起头，发现朱利安满面愁容。他焦急地看着克里斯托夫，额头上汗珠密布，克里斯托夫则盯着地板，没有任何表情。朱利安注意到了我的目光，却没有给出任何回应，而是转向了克里斯托夫。

"求求你回来吧，克里斯托夫。你为什么一定要走呢？苏珊娜认为你不必这么做。"

克里斯托夫依旧面无表情，他语气沉重地说道："好吧，让我把原因给你一条条列出来。我们分手，是因为你不想要孩子，因为你不想做爱，因为你不想搬家，因为你不想去度假，因为你什么都不跟我说！"

朱利安的情绪开始翻涌。"你确定吗，克里斯托夫？"我问道，"可是我觉得朱利安不是这个意思。"

朱利安插嘴道："我并不是不想要这些东西，我也不是不爱你。我爱你。只是我不知道我们能不能从头到尾都做好……能不能坚持到底……我也不知道你是不是无论如何都不会离开我。"

克里斯托夫轻蔑地耸了耸肩膀。

"我只是不确定你会不会离开我。"朱利安重复道，"如果带孩子的过程不顺利怎么办？宝宝的要求那么高，我不知道我们有没有那么多,你知道的……精力。"

"啊?哈!我有这个精力啊。我一直在付出,看看我对你有多耐心,你看,我和你相处了这么长时间,你再怎么瞎胡闹我都应付过来了。"

"可我刚才已经说过我有多爱你了。"

"那是苏珊娜让你这么做的。"

"不,我是认真的。我只是害怕我们带不好孩子。这件事情责任重大,而且经济负担全落在我一个人身上。我很害怕自己到时候不能如你所愿去照顾孩子。"他顿了一下。"而且你也可能无法满足孩子的需求。"

朱利安的母亲无法满足他小时候的需求,于是我问他,他现在这么不自信,是否与小时候的感受有关。是不是过去的经历影响了他,让他担心克里斯托夫将来无法满足孩子的需求?

一阵沉默。我想朱利安没有领会我说的话,但克里斯托夫听明白了。朱利安向克里斯托夫伸出手,做了一个简单的表示希望的手势。我看着那只手悬在半空中,明示着要克里斯托夫去握住它。但克里斯托夫却没有照做。朱利安慢慢地收回手,哭了起来,但克里斯托夫仍然不为所动。

"这真是个大反转,是吧,克里斯托夫?"我说道,"你身上所有的渴望现在都到朱利安身上了,但不知怎的,你却无法给出回应。我想知道你为什么会觉得这么难做?这不就是你一直想要的——让朱利安向你展示他有多爱你,有多需要你吗?"

我等着克里斯托夫接话,可他仍然沉默地坐在那里,所以我继续说了下去。

"这让我想起你谈到在你父亲离开时,你说母亲向你寻求安慰,你当时觉得母亲的需求盖过了你的需求。其实在一段关系中,两个人既可以彼此回应,也可以时而表现出脆弱的、需要情感支持的一面,这一点很难想象吗?"

克里斯托夫饶有兴致地点了点头。

"所以说,朱利安以前那么内向虽然很不好,但这同时也保护了你,让你感受不到他的需求带来的负担,就像你母亲给你带来的负担一样?"

令我惊讶的是,克里斯托夫没有给出回应,反而是朱利安开口说道:"我一直都知道克里斯托夫很难接受我想要的东西。"

"胡扯!"克里斯托夫爆发了,"我一直都是支持你的。"

朱利安看着他,可克里斯托夫转过了身去。"你还记不记得我之前在被解雇时那一团乱麻的样子?"

"记得,当然记得,当时还是我在鼓励你、支持你。"

"事实上,克里斯托夫,你当时的做法很粗暴,真的很粗暴。你叫我冷静下来,要'像个男人一样'。大概就是从那时起,我就觉得你不会真正关心我了。"

"胡说八道。你的意思是,你不想要孩子,不想要任何承诺,这些都是我的错吗?"

"我觉得朱利安不是这个意思,克里斯托夫。我觉得他一直在努力探索并且承认自身问题的根源,只不过他提到你在其中也发挥了一些作用。你们总是很难明白,问题其实是出在两个人身上的。朱利安,在被解雇后觉得克里斯托夫无法给予回应的那个绝望的时刻,你是不是就掐灭了内心深处的一丝希望,不再期望会有任何人在你需要的时候随叫随到?"

"是的,"朱利安表示同意,"我不再抱有期望,这样我就不会再次失望,于是我就会想:'你想要的东西,我为什么要答应?'"

克里斯托夫抬头看了看朱利安,我觉得他们可能还有戏。我也知道这次心理治疗是时候结束了,但我觉得还有必要再说些什么,好让他们下周再来。

"你们都不能完全满足对方的欲望,但感情重在尝试。试着去相互联系、回应彼此吧,虽然这么做时而有用,时而没用,但只要坚持下去,多多交流,就能让一段关系健康成长,而不是枯萎死亡。"

我不知道接下来会发生什么。伴侣们是会找到一条出路,还是会从此一别两宽?这种事我从来都料不到。不管工作了多久,不管在咨询室里待了多长时间,我总是不可能预知某对伴侣在遇到矛盾的关键时,最终会携手同行还是彼此分开。

虽然中间有几周情况比较危急,但朱利安和克里斯托夫还是坚持了下来。慢慢地,付出与索取的天平开始发生深刻转变。朱利安开始认识到自身的需求与欲望,不再把它们投射到克里斯托夫身上;而对克里斯托夫来说,尽管过程艰难,但他还是一步步摆脱恐惧,不再害怕朱利安像他母亲过去那样突然倒下,让他一个人扛下所有。如此一来,他们的关系就发生了巨大的变化,两人从一开始的投射性认同转变为在情感关系中更好地做自己。我们称这种发展为"回收投射",在这种投射中,伴侣们会恢复并"拥有"之前遭受否定的感受，然后再将这些感受推送给对方。伴侣双方一旦开始做出这种改变，就能找到一种新的相处方式。对朱利安和克里斯托夫来说，这样的改变虽然使双方变得更加脆弱，却也带来了他们一直避之不及的亲密关系。

不过，这种改变还会暴露出其他方面暗流涌动般的困难——这些困难虽不易为人所察觉，却有着极其强大的力量。我们费尽心力才逐渐明白，他们其实都没有十足的把握去相信双方可以继续走下去。他们觉得同性恋没法给他们带来一段充满爱的、长久的关系。仿佛他们碰到过的"恐同"心理和刻板印象一直埋在心底，毒害了、破坏了他们可以一起创造美好、一直走下去的信念。虽然两人已经决定接下来的一年里都不再讨论要孩子这个棘手的问题，但话都说开了，心里总归是没那么恐惧了。我最后一次见到他们时，两人已经在走收养孩子的程序了。

命运弄人，长发公主终于放下长发

一月份，也就是快到我爱人生日的时候，我不知道该送他什么，他也没有给我任何建议。一筹莫展之际，我见他桌上放着一张明信片，印着他在国王十字车站附近的小型展览上看到的油毡版画。他明显很欣赏它，于是我决定试试看能不能买到这幅画。而且，画中女子佝偻着腰、牵着马，沿着运河纤道负重前行，这一幕实在是令我浮想联翩，因为我爱人此前写过一本名为《水路》（*The Water Road*）的书，书中讲的就是英格兰内陆水道之旅。巧的是，他最近正好在自学如何制作油毡版画，这幅黑白版画也正好与他自己的一些作品相呼应。

我费了好些功夫才找到艺术家克里斯·斯莱尼的联系方式，不过找到之后我并没有直接联系他，而是通过电子邮件向他说明了我的购买意向。我解释了为什么我爱人会喜欢这幅画，接着他询问了我爱人的名字。当我把名字发给他时，他立即给我回了信，兴奋地告诉我他去年刚读了《水路》，而且正是这本书激发了他创作那幅版画的灵感。我又惊又喜，因为我知道我爱人听了这件事一定会很高兴，这份礼物也会因此变得更加有意义。出于这个原因，我开始思考单纯的巧合与更深层次的无意识之间的那片灰色地带。

第二天，一位名叫杰克逊的潜在患者来打听我，问我是否可以给他紧急面诊。他痛失爱妻，现在万念俱灰，感觉人生一片黑暗。他在邮件里说，他从 X 先生那里得知了我的名字，是 X 先生把我推荐给他的。我一眼就认出了这位 X 先生，他是位颇有名气的电视明星。奇怪的是，我从未见过他，也不记得有谁见过他。

杰克逊个子很高——实际上，他的个子高到他得低着头才能走进我的咨询室。他身体纤弱，有一张骨感的贵族脸，坦率而迷人。初次见面我就立刻对他产生了好感，他的故事也很快引发了我的同情。他告诉我，他与妻子卡拉相识已近二十年。他们在大学校园初遇，毕业不久便喜结连理。他觉得两人郎才女貌，幸福美满，尽管他们一直没有孩子。他告诉我，卡拉觉得他们的二人世界已经很充实、很有意义了。杰克逊尊重了她不孕的意愿，可如今，四十一岁的她却突然怀上了另一个男人的孩子，还把他给甩了。可以理解，他被这档子事吓昏了头，怎么也想不通。

杰克逊的故事对我来说似曾相识。这些年来，我还见过几位类似的患者，他们都是因为突然撞破了某些秘密、经历了某些意外变故而伤心欲绝、悲痛不已。有位女士的丈夫突然抛下她和两个十几岁的孩子消失不见，直到很久以后才被发现与小情人一起定居泰国；还有位女士的丈夫突然自杀溺亡，没给她一点预兆。杰克逊就跟这两位患者一样，事先对真相一无所知，我能看出他完全蒙了，他拼命回想着过去，试图从卡拉身上找出些先前漏掉的线索。

杰克逊来见过我后，没过多久，就有位同事来问我是否接受推荐。他认识一对现已分手的伴侣，女方在结束关系后痛苦万分，他想把她介绍给我。于是我安排了下周与这位名叫格蕾丝的女士见面。

看到格蕾丝的第一眼，我就立刻被她那超凡的美貌惊艳到了。门口初见，她一头蜜金色的头发随意别在脑后，几缕华丽的长卷发顺着两颊垂落双肩，宛如童话书里走出来的长发公主。新婚才八个月,她的美梦就通通化为泡影。丈夫迪伦抛弃了她,说与她结婚根本就是铸下大错。

"他嘴上说还爱我,心里却想和男人在一起。他说很抱歉,他现在是同性恋了。他九个月前不知道自己的取向?现在却知道了?之后就给我来一句'抱歉'?!"

她在谈话时狠狠责备自己的样子,简直与杰克逊如出一辙。"我怎么就不知道呢?其他人没一个觉得吃惊的。我朋友说他们一直都知道——他很明显就是个同性恋。我眼瞎吗?为什么其他人能看出来的事情,我却看不出来?"

格蕾丝给我的感觉很温暖,可她看起来却那么悲伤,那么失落。三十四岁的她担心自己不会再遇良人,也不会再有孩子了。她觉得迪伦几乎剥夺了她生育的权利。我们谈了一个小时,格蕾丝便离开了,她同意下个星期同一时间来见我。接着门铃响起,下一个心理治疗开始。

杰克逊跳上楼梯,当他走进门时我还在想,他与格蕾丝的故事简直十分相似。两人都是在毫不知情的情况下惨遭抛弃的。面对破裂的婚姻,两人都是又伤心又屈辱,而且都为失去为人父母的机会而忧心忡忡。这种感觉很奇怪，又是一个巧合。

杰克逊和格蕾丝都安心接受着各自的治疗。一般是格蕾丝前脚刚离开，杰克逊后脚就进来，中间仅隔十分钟，每周都是如此。将近两个小时的时间，我聆听着他们的经历和感受，每次都要被这两个几乎重复的故事所震撼。我开始怀疑他们会不会喜欢上对方，是不是能在彼此的陪伴中找到慰藉。我幻想着有一天他们会在楼梯上偶遇，然后像电影情节一样莫名产生联系。也许他们可以共同实现生育的愿望？

几个月后，伦敦春回大地，树木一律换上新装，浅黄绿色的新叶格外清新。我朝安妮女王街的方向走去，空气中弥漫着初春的气息。上午十点左右，门铃响起，一头金发的格蕾丝出现在我面前。不知怎的，她的皮肤看起来红润了不少，浑身上下也充满一种春天般的感觉。

"我一直想告诉你一件事。"她顿了一顿，"我遇到了一个人。那是二月份的事了。我不知道自己为什么没有早点告诉你。说实话，我觉得有点尴尬。"她又停顿了一下，"实际上，我还没有告诉过任何人。"

我拼命地转动脑筋。是杰克逊吗？她在和杰克逊约会吗？我沉浸在一连串的巧合之中，一时之间开始自动脑补起来。可紧接着，我想起就在上周，杰克逊还在抱怨说他难以认识新朋友，说他对任何人都提不起兴趣，而且止不住地幻想卡拉会回到他身边，我的心思就这样被事实打住。

"这有什么好尴尬的，格蕾丝？"我问道。

"嗯，这个人有点名气，你可能听说过他，而且他现在已婚，所以……"她的声音渐渐低了下来。

我静静等待着，什么也没说。

过了一会儿，她开始解释说她这个新情人有两个孩子，他还向她坦露心迹，说很抱歉令她陷入了如此糟糕的境地。听了这话，我心里实在怀疑得紧。这个男人显然很清楚格蕾丝还没有从上一段婚姻中恢复过来。

"说实话，我不确定自己对这一切有什么感觉，我甚至不确定自己是不是真的喜欢他。当然了，虽然我对他的关心感到受宠若惊，但我对他的妻子……还有他的两个孩子都感到有点过意不去。"

"除此之外，你是不是还觉得有点兴奋？"我问道，她点了点头。

在聊起这个偏执霸道的情人时，格蕾丝面色潮红，傻乎乎地笑出声来。男方非常害怕奸情暴露，担心被小报发现自己有外遇，所以上周在格蕾丝三楼的公寓见面时，尽管是大白天，他也坚持要她拉下百叶窗，以防有人用长镜头偷看。我迫切地想要知道，这种偷偷摸摸的感情是不是就是她现在想要的，但她一口否决，说这不是她想要的，她知道这是不对的。

我开始心想，她好像又找了个不能真正给她承诺、满口谎言的男人，这太有意思了。她还有些秘密的往事没有被我揭开。先是迪伦，这个男人对于自己取向不明的事情绝口不提，接着是新情人，这个男人已有家室，所以他显然是要隐瞒这段关系的。我还在斟酌着该如何开口和格蕾丝探讨这个问题，她就咯咯地笑了起来。

"你想知道是谁吗？要我告诉你吗？"

我静静地坐着，我的确很好奇，可她为什么要这样卖关子呢？我很想知道。

"是 X 先生。"她说道。

听到这个名字，我整个人陷入了沉默，直到治疗结束都没有再说话。X 先生！就是那个向我推荐杰克逊的 X 先生。我有些困惑，还有点惊慌。作为一名心理治疗师，我必须对患者的信息守口如瓶，并且在工作与生活之间划清界限，可如今这道界限仿佛就要被打破。这就好像是X先生以某种方式进入了我的咨询室，刹那间，我觉得我才是那个有秘密的人。格蕾丝走后，我一直在思考这个问题。她和杰克逊的治疗时间仅仅相隔十分钟，却突然通过X先生联系在了一起，这一巨大的巧合令我震惊不已。又因为这是一系列巧合之中的又一个巧合，我心底涌起了一阵恐惧。

弗洛伊德和荣格这两位精神分析学之父都对巧合事件饶有兴趣，也都推测过巧合与超自然现象之间的联系。弗洛伊德虽有着深厚的宗教背景，却从未就是否存在精神世界这一问题得出过确切的结论，不仅如此，他还在很大程度上回避相关话题，原因是害怕破坏精神分析学的科学基础。反观荣格，他将神秘元素融入理论框架之中，使之完全超出了已知和可证的范围。在这一框架中，荣格将巧合现象称为共时性，并将其本质描述为精神世界与物质世界之间基于能量的形式所产生的神秘联系。

就我个人而言，我更倾向于弗洛伊德这种更为理性主义的方法。我认为海伦妮·多伊奇——首批女性精神分析学家之一——说得非常贴切："神秘力量要到精神生活的深处去寻找，精神分析学过去已经澄清了人类精神世界中的诸多'神秘'事件,将来它注定会以同样的方式再来澄清这一问题。"[1]

比如,曾经有位患者来找我说,她总是梦见自己变成魔鬼,醒来后怕得不行。她梦见被掩埋的尸体,梦见她的牙齿变成尖牙,还梦见异形的怪物从她的胸膛里冒出来。她恐慌极了。有时候这些梦境过于逼真,连我都不由得心里一惊,但是仔细分析一下就会发现,这些梦不过都是些幼稚的想象,源头在于她童年时期饱受压抑的愤怒情感。最终我们明白了,对她来说,愤怒并非问题所在,真正的问题在于,家庭环境要求她在很小的时候就压抑自己的愤怒,叫她在发火的时候感到别别扭扭,觉得自己有错。正因如此,她现在只能通过梦境来发泄这些情绪。

下周格蕾丝再来,我心里已经没那么惊慌了。没错,这就是一系列奇怪的巧合。经验告诉我,伦敦虽大,世界很小,所以我还是把注意力集中到格蕾丝身上,看看与已婚男人发展婚外情对她来说意味着什么,以及她为

---

[1] Helene Deutsch, *The Therapeutic Process, the Self, and Female Psychology: Collected Psychoanalytic Papers* (Routledge, 1999).

什么会对这段恋情感到如此兴奋。治疗期间,格蕾丝同我谈到了她与 X 先生之间的深厚感情,还说虽然这段关系的结局早已注定,但她感到自己与他相识已经长达一生。她喋喋不休地说着他们晚上外出的计划,我静静地听着,接着她失去了那股兴奋劲,开始陷入沉思。

"为什么?"她抱怨道,"我遇到的每个男人好像不是同性恋就是已婚?"

我同她讨论了与 X 先生恋爱的危险之大,特别是她才被前夫所抛弃。我心里纳闷,为什么她要这么轻易地去冒这个险?

结果是,格蕾丝与 X 先生的恋情很快就告吹了。男方要出国工作,双方一致认为两人不会有未来。但后来,格蕾丝又发展了好几段关系,只是全都没有真正开花结果,于是我开始进一步思考格蕾丝还有她选择的那些伴侣。在刚开始约会时,格蕾丝总是表现得热情洋溢,但很快她就发现对方要么过于殷勤,要么就突然甩了自己。她还开始同我分享她在与迪伦结婚前的感情生活。三十岁以前,她从没认真谈过恋爱。她有过多次一夜情的经历,但不知何故,约会双方都没有继续交往下去。她第一个正式交往的对象是奥斯卡,一个聪明、年长且事业有成的男人，两人是在罗马的一次会议上认识的。奥斯卡当时远居丹麦哥本哈根，所以他们开始了一段长达四年的异地恋。但这段感情最终还是没能走到终点，而且分手后不久，她就发现奥斯卡结了婚，还有了一个孩子。我想知道她和奥斯卡是否讨论过同居的问题，她告诉我没有，但也不是完全没有。奥斯卡有时开玩笑说他们该结婚了，可格蕾丝从来都是把他的话当耳旁风。显然，她现在才准备好考虑婚姻大事。格蕾丝经常谈起自己的年龄，说起她的朋友们都已成家生子的事。她疯狂地约会，抱怨互联网的问题，抱怨她遇到的所有男人不是浑蛋就是闷葫芦。大多数情况下，她看都不看男人一眼，但偶尔她也会对某个人产生兴趣——我注意到，这个"某人"似乎总有点不太合适或者遥不可及。

"我命不好，"她抱怨道，"我运气太差了。"

但这不是运气的问题，格蕾丝想要进入一段认真的关系，这件事也绝非巧合。

机会与巧合在人们寻找真爱的过程中的确发挥着一定的作用，但在我看来，这绝不是发挥最大作用的主导力量。"我们是命中注定的伴侣"，这种浪漫的想法纵然甜蜜迷人，但坦率地说，这是不太可能的。此外，在万圣节午夜对着镜子边吃苹果边梳头,即可在镜中看到自己未来丈夫的模样,这种说法也是极为荒诞、未经证实的。不过,在任何文化中,这些与寻求爱情有关的说法都有着极为强大的力量,而且经久不衰。记得在我年少的时候,公交售票员的脖子上都挂着银色的售票机,每次我取了车票,就会专注地盯着上面的字母和数字,寻找着自己未来爱情生活的线索。我当时也如此渴望了解自己的命运。

虽然命运不能为我们选择伴侣,但还有某种几乎同样神秘的东西在为我们出谋划策——我们的潜意识。在被某人吸引时,我们会主动去建立联系,而且与对方一见如故。我们似乎会喜欢上他们的气味,他们的动作,乃至他们的笑容。现实生活中,我们可能会被美貌、善良和聪明等特质吸引,但除此之外,还有一些未知的、绝非肉眼可见的神秘之物在起作用。

精神分析学有一条理论分支研究的就是伴侣为何会选择对方,其说法不仅令人信服,而且还得到了临床经验的证实。该理论表明,童年时期接受的关心方式、相处方式、爱护方式和培养方式对人起塑造作用。除了这种直接的体验,我们还会观察到周围的亲密关系,目睹父母间的爱意，学习监护人为人处世的方式，这些事物影响着我们，构成了我们对于亲密关系最深层的感受。我们明白了，依赖另一个人能带来安全感，如若不然，我们就要察言观色，学着保护自己。这些事物在我们幼小的心底埋下了一颗疑问的种子，只有长大后尝到爱情的滋味，我们才能真正去正视它。

我们或许在学校里备受欢迎，在工作中表现出色，在运动方面能力出众，可一旦沾上爱情，就会陷入麻烦，吃下童年时期种下的恶果。我们发现自己会被那些早年经历与我们相同或互补的人所吸引，这种吸引深到我们仿佛要失去理智，深到仿佛一眼万年，我们会觉得对方理解自己、了解自己。我们为何会坠入爱河呢？神经科学家和社会学家如今都给出了不同的解释。他们会说信息素和激素决定了你会爱上谁。他们还会提到进化生物学，或者阶级、社会地位和共同兴趣等。虽然我确信所有这些都是能够带来爱情的因素，但我也相信，爱上某人还有一部分不可抗拒的原因，也就是一些深层无意识的东西。

年轻的伴侣会躺在床上探索彼此的生活，感觉彼此就像是一体的。从发现双方喜欢同样的颜色、读同一位作者的书、喜欢同样的电视剧的面露喜色，到倾听对方对于生活、希望、家庭的感受的专注不移——某些东西就这样……产生了共鸣。当然，吸引力也会受到长相、口音、工作和社会地位等因素的影响，但与这些因素同时存在的，是我们内心深处对于性和爱情的感受。格蕾丝在爱情中并非不幸，与她交往的男人总令她失望，这也并非巧合——这些男人只是反映出了她自己给不出确定的承诺，不知该不该让别人进入自己内心的矛盾心理。

有天早上，格蕾丝躁动不安地来到咨询室，她脸色苍白，仅一眼我就注意到了。

"我父亲要来伦敦了。他之前一直和他新娶的妻子住在悉尼，在那里待了有八年了。从他搬去悉尼后，我就再没见过他。他现在要和她一起来……这太可怕了。"

我对她的家庭情况知之甚少，只知道她父母离异。她似乎和母亲走得很近，但和父亲的关系疏远而尴尬。

"那你们真是好久不见了。"我评论道。

"他曾经叫我去看他，叫了好几次，我就是不想去。他如今要回来，显然是因为他妻子的妹妹病了。"

"他妻子的妹妹？"我问道，"他第二任妻子的妹妹？"

"第三任妻子。"格蕾丝纠正道。

接着,她开始告诉我更多有关她十一岁、她弟弟七岁那年父母离异的事情。她吞吞吐吐,时间都搞不清楚,叙述也很混乱,让人觉得她是不是以前从未想过这件事情,就好像这件事自发生后就一直封存在她的脑海里。她说她父母看起来很幸福,从来没有吵过架,所以两人离婚这事对她来说完全是一记重击。

"我与父亲之间的关系不是一直都那么疏远的。我小的时候还和他很亲密。他是个很有趣的人,陪伴我们玩耍的时间要比母亲多。"

"你还记得他是什么时候离开的吗?"

"其实我当时都崩溃了,只记得心里觉得恶心、害怕。母亲让我不要哭,她还总说父亲是个浑蛋,不值得为他流泪。"

"浑蛋?"我问道。

"总的说来,他是为了另一个女人离开了我。"

我被她真情流露的口误惊到了,格蕾丝本来想说他为了另一个女人离开了她母亲。

"也许你父亲对你母亲的背叛就像是对你的背叛一样?"我问道。

"我觉得他可能一直都有外遇。"她顿了一顿,然后放慢了语调,仿佛现在才回忆起某些事情似的。"我记得之前他带我去兜风,然后把我放在车里。我很讨厌这种感觉。我全程都很害怕,因为他会离开很久很久。等他回到车里时,天已经黑了。然后他会在回家前带我去玩具反斗城。"说着她皱起了眉头。"等我大一些,他就带我去亨尼斯女装买衣服。他给我买了很多衣服。"

接着,格蕾丝哭了起来,但她立刻忍住了,把眼泪压了下来,最后控制住了情绪。

"其实,我现在还恨他,"她说道,"他就是个自私的王八蛋。很明显,当我坐在车里的时候,他在和别人做爱。天啊,真是个浑蛋。"

"你很生气,格蕾丝。我觉得他好像背叛了你。"

"他就是个王八蛋!"格蕾丝又骂了一遍。

"你的话里只有愤怒,听不出一点心痛。看来你小时候一定对这一切感到很害怕、很困惑。愤怒就是你的盔甲,能够保护你不受其他情绪影响,对不对?"

格蕾丝点了点头,我看到她的眼里又噙满了泪水。

在接下来的几周里,我们开始渐渐理解格蕾丝难以维持亲密关系、难以对伴侣做出承诺的原因。我们探讨了她在接近心爱之人时，内心极易被唤起的两种矛盾感受。第一种感受是害怕失去爱，害怕被抛弃，这种恐惧似乎源于她童年失去父亲的经历。格蕾丝十分崇拜父亲，但她常常觉得自己与父亲之间的关系并不牢靠，甚至在父亲离开之前，她也这么想。父亲曾经带给她欢乐，充满魅力，可后来却为了工作和情人将她狠心抛弃，这说明格蕾丝从来没有真正有过安全感。

"我总觉得自己叫他厌烦。他会陪我们一起玩，但他总是对我甩脸子，还会夺门而去。所以我总是很担心，担心他会把我丢下。"

她告诉我，父亲最后离开了家，她就很少再见到他了。不过他还是时不时地出现一下，令她兴奋不已，然后再把她扔到一旁，好让她重温一遍失父之痛。

格蕾丝的第二种矛盾感受令她难以向男方认真做出承诺。她一边担心自己被对方抛弃，一边又害怕靠得太近而窒息，所以她渴望拥有自己的空间。她经常把这种情况描述为"晕人"。我开始怀疑，她与迪伦的婚姻究竟是不是有意为之，因为迪伦对她的态度也很矛盾。迪伦的矛盾就在于，他是同性恋，这是格蕾丝自己说的。

接着她开始大谈母亲的事情，可见两人的关系十分亲密。我在想，这是不是就是另一个原因所在。母亲那令她倍感窒息的亲密感，是否在她与伴侣的关系中被重新唤起？很明显，亲密关系容易使她产生幽闭恐惧。

八月假期临近的某天清晨，格蕾丝开始抱怨起她的假期计划："我跟你说过我要跟我朋友克洛艾还有她哥哥汤姆一起出去吗？我们在米科诺斯岛租了套公寓。"

我点了点头。

"唉，你不会相信的，我母亲在爱彼迎上租了一间房子，就在街对面。这也太荒谬了，因为那间房子在老城区的中心，她不会喜欢的。这还是我长这么大以来第一次不跟她一起过暑假。我也不想说她的坏话，但她肯定不会喜欢那间房子。她讨厌热烘烘的地方，我想她也不会太喜欢去蹦迪！"她收住笑声，顿了一顿。"我又不能不让她来，她会很难过的。"

这般强势的母亲实在令我感到震惊。难道她看不出来自己不招人待见，看不出来闯进三十五岁女儿的假期有些不合适吗？这件事让我对格蕾丝的家庭关系有了更为清晰的认识，我开始明白她的感受，原来不仅她父亲把自己的需求放在第一位，她母亲也是如此。不过后来我扪心自问，为什么格蕾丝在对待母亲时没能更坚定一些呢？为什么她就不委婉地解释一下她想自己一个人去呢？她似乎不可能对母亲说任何带有拒绝意味或可能引发争吵的话。这让我想起了她母亲是如何教导她不要因为被父亲抛弃而哭泣，以及格蕾丝本人是如何乖乖地去压抑自身感受的。

与此同时，我也开始留意起格蕾丝对待我的方式。格蕾丝是个颇为热心的患者，她会在每次心理治疗开始时询问我的近况，不过我并不鼓励这种做法，所以每次只是简单地点点头。并不是我介意她这么问，而是我想让她明白，在心理治疗中，她不需要遵守这些社交礼仪。每次当我对她做出同情的反应时，她也会露出担心的表情，好像受伤的是我而不是她。如果我看起来忧心忡忡，她也会变得焦躁不安，然后嘴硬地说自己没事。每次我给她发完账单，她总是没几分钟就付了。她还总是留意着心理咨询的时间，从来不需要让我提醒她到结束的时间了。

我开始明白，也许她觉得我在某种程度上需要保护，有时她甚至会把我而不是把她自己当成那个需要帮助的、脆弱的人。我意识到这其实是一种移情行为——她这是在与我重建她们母女之间的那种关系吗？

理解移情和反向移情对我的工作来说极为重要，事实上，对所有精神分析心理治疗师的工作来说都是如此。移情是指在医患关系中再现对以往情感关系的态度与感受。而反移情是指患者在面对心理治疗师时的感受，以及这些感受如何与通常源于童年经历的关系模式的重演相关。就格蕾丝而言，她显然是把对于自己母亲的感觉——她觉得母亲很脆弱——"转移"到了我的身上，我看得出来，她心里已经认定了，我就是一个需要小心对待的人。经此一事，我真正体会到了她到底是有多害怕让母亲难过。

后来，我又了解到更多她童年时期的事情，似乎正是这些事情影响到了她目前的爱情生活。格蕾丝心里好奇得很，她想知道更多自己童年时期的事情，但好像有很多事情她都不记得了。那些无法填补的空白开始令她惴惴不安。于是趁周末到诺福克看望姑姑之际，她终于鼓起勇气与母亲谈起这些事情。那是一个阳光明媚的日子，她们坐在花园里一边喝着酒，一边畅聊往事。三人抱怨了她父亲一个钟头后，格蕾丝开始问起母亲她出生时的事，母亲含泪告诉她，格蕾丝出生后不久，她就因产后抑郁症住院了。两年后，母亲生下弟弟，同样的情况又发生了。

这就是格蕾丝奋力保护她母亲的根本原因吗?我脑海中开始想象出一个极度思念母亲的两岁幼儿的形象。我猜想,格蕾丝可能在很小的时候就察觉到了母亲的脆弱,而且还因此吓得不轻。她是不是从此以后就对母亲的情绪变得异常敏感了呢?她是不是尽了最大的努力,不让母亲难过,不让她再次离开?这对一个蹒跚学步的孩子来说是多大的负担啊。

在那几周的时间里,我们谈论了她童年时期的如此种种,还说起了她对自己母亲的一些感受是如何反复转移到我身上的。渐渐地,治疗好像起作用了,我感觉她不那么沮丧了,更有希望了——她与过去建立起了重要的联系,从而对现在有了更深刻的认识,对未来有了更强的信心。

在一件事与另一件事之间建立联系是心理治疗师的日常工作。将看似随机的想法、行为和事件串联在一起,理解患者的内心世界,为那些令人困惑的碎片化世界带来几分意义。理解无意识行为的最好办法,就是要意识到这些联系。这部分思想就像是一条地下暗河,它塑造着我们的思想方式、行为方式和爱的方式。

不幸的是，患者，尤其是治疗初期的患者，有时会对这些联系持怀疑态度，甚至嗤之以鼻。这些患者不一定有着强烈的自我意识，所以我常常会因此感到忧心不已。不过，到了治疗的某个阶段，这些患者的态度往往会发生转变，这时才有可能出现真正的突破。也正是到那时，患者才会对自己的梦想、职业和日常生活有所认识。

我还记得有位患者，她极度焦虑，起因是她丈夫表示退休后想在伦敦买一套公寓，好方便逛画廊、看戏剧——自从搬到乡下后，她丈夫就非常想念这些娱乐活动。这对夫妇的住处在国家公园的中央位置，四面有群山、湖泊环绕，虽然患者丈夫经常说他想在伦敦买一处临时住所，但他从未付诸行动。就这样，患者失眠了整整一周，哪怕丈夫一再保证会一直陪在她身边，她还是觉得这不可能，觉得丈夫实际上是暗示她要离婚。

我很困惑她为什么会这么焦虑，所以我一直对治疗没有什么头绪，直到几周后，她说起她父母就是因为去法国买别墅的事情而大吵特吵，最后分居两地的。她父亲是法国人，非常想回到自己的故土过退休生活，但她的英国人母亲坚决反对。她父母为此吵了整整一年，然后就突然离婚了。突然间,那段父母分居的记忆——那段令她深感创伤的记忆——与她目前对自己情感关系的担忧清楚地联系到了一起。正是这个此前并没有意识到的联系,帮助她理解了为什么她在听到丈夫的提议后会那么恐慌。

杰克逊和格蕾丝两人进展相似,都处在联系过去和现在的阶段。杰克逊慢慢地从悲痛中走了出来,现在他又遇到了一位心仪的女性,名叫韦罗妮卡。有段时间他对工作提不起兴致,但现在他重拾信心,申请并且拿下了一份新工作。杰克逊欣喜若狂,如今职位更上一层楼,他终于开始做他一直想做的事情了。唯一的问题是,他的工作时间没那么灵活了,上午九点半过来参加治疗是不可能了。他问我能不能早上八点半来,我回答说我那会儿没空,但过了一会儿我又心想,格蕾丝是自由职业者,也许可以让她晚一个小时来。于是下周见到格蕾丝,我问她是否介意把时间改到上午九点半,她欣然同意了。

就这样过了大概三周后,一天早上,格蕾丝满脸怒气地来了。"那个家伙,那个排在我前面接受心理治疗的家伙,之前是在我后边来的。"她轻蔑地笑了。"他是不是有毛病?他老瞪我,刚才我一进来他就把门关上了。

我猜是因为他你才让我改时间的吧?"

我被这话吓了一跳,没有立即给出回应。格蕾丝坐在那里,她交叉着双臂看着我,向我发出挑战。

"格蕾丝,你是不是觉得我把他的需求放在了第一位,把你给耍了?"

"嗯,你有一点,不是吗?"她顿了一顿,"你让我改了时间,这样他就方便多了。"

"这么做你会不方便吗?"我问道。

"这不是重点,"她回答道,"重点是你为了他让我不方便了,这实在不公平。"

听到这话,我整个人惊讶不已,不知该如何解释。那个通情达理、温文尔雅的格蕾丝不见了,取而代之的是这个脾气火暴、欲求不满的孩子。

格蕾丝过了好一会儿才冷静下来,我们也用了好一会儿去探索她对于换时间这件事的感受。显然,我既没有花足够的时间去确认她的意愿,也没有继续追究为什么她会一口答应,现在她又觉得自己的需求没有别人的需求重要了。

"我母亲总是把自己放在第一位,我父亲是一个超级自恋狂,他有他的方式……现在你也是,做着跟他们一样的事。"

她的指责既不公平，也不合理，可我并没有当场指出来：换时间不是我的需求，而是杰克逊的需求。我明白，在这一刻，她觉得我就像她的父母一样，不知何故让她成了次要人物。

从那以后，格蕾丝每次治疗开始时都要提一嘴杰克逊——她不知道他的名字，只是叫他"大人物"。哪怕我已经像要求所有患者一样要求她不要提前十分钟就过来，她还是会提前过来，按响我的门铃，打断杰克逊的治疗。

"你最喜欢的那个患者，那个大人物，他怎么样了？"她会用一种抑扬顿挫的声调开玩笑。

但当我试着去探究他们两人之间的竞争关系时，她会敷衍我，说她只是在开玩笑，别把所有事情都想得那么严肃。

几周后，当杰克逊正说到他要搬去与韦罗妮卡同居时，门铃突然响了。我瞥了一眼时钟——上午九点十五分。我又看向杰克逊，他怒气冲冲地说："她还真是乐此不疲。"我也被格蕾丝激怒了。忍无可忍，那就别再忍耐下去。

在十分钟的休息时间里，我聚精会神地组织了一番语言，接着我打开门，招呼格蕾丝进来。她背对着我脱下外套，坐下来，一脸挑衅地盯着我。

"格蕾丝，"我的声音听起来出乎意料地平静，"我还是得说清楚。你不能提前来。我之前问过你，但如果你还是像这样提前按铃的话，那我们就得重新考虑你的治疗方案了。"她焦急地看着我。"那样的话，我就得把你调到另一个时间。"我解释道。

"但那是我自己的时间，其他时间。"接着她把头埋在膝盖上，放声大哭起来。

那次治疗之后，格蕾丝不再提前来了。我花了几周的时间才渐渐明白，原来她是在试探我，看看如果她表现不好，我会不会抛弃她。所以，在听到我只是简单地"斥责"了几句时，她感到极大的宽慰，因为她之前还担心这么做可能会让我"炒"了她。我也渐渐发现，她对杰克逊的敌意其实与她觉得母亲偏爱弟弟的想法有关——她认为我更喜欢杰克逊而不是她。她承认自己嫉妒弟弟，这份嫉妒令她想起了弟弟出生时她心底那遗忘已久的感觉，以及母亲为了生弟弟离开她去医院的事情。这种久远的敌意和恐惧深深地埋藏在她的心底，难以触及，这才导致她对杰克逊产生了一种失去理智的恨意，而她甚至不知道杰克逊的名字。

一切如常。格蕾丝定期过来治疗，很快我就听说了马库斯的事，她与马库斯是在一次工作旅行中认识的。几个月过去，两人似乎发展成了情侣。格蕾丝同我谈起过他们之间的起起伏伏，很多次我都以为她会结束这段关系，但渐渐地，马库斯成了她生活中固定的一部分。长发公主放下了长发，让马库斯进入了她的生活。

几个月后，刚从美国度假回来的我因为时差睡过了头，错过了闹钟。上午八点三十一分，我还在维尔贝克街匆匆赶路。当看到杰克逊在外面等候时，我已经迟到了。我紧张地摸着钥匙，此时杰克逊露出热情的微笑，举起一只手臂向我致意。

"我有事要告诉你。"他一面说着，一面走进了洗手间。

我走进咨询室，理了理坐垫。不久，杰克逊走了进来，脱掉了他的夹克。

他笑道："韦罗妮卡怀孕了！"

五十分钟后杰克逊离开了，我拿起手机看到了格蕾丝发来的信息：晚点到，我得去看医生。

二十分钟后,门铃响起,格蕾丝出现了,她的脸红扑扑的,赶路赶得汗流浃背。

"你猜怎么着?我怀孕了!"她宣布道。

弗洛伊德的理论表明,意外或巧合这回事可能是不存在的。在某一层面上,我们可能对某些东西一无所知,但在另一层面上,我们总是在无意识地交流、消化自身的感受、想法、事件和经历。也许我们可以在许多不同层面上"了解"事物。有时我们能够完全有意识地去了解事物,而在其他时候,一旦"了解的过程"过于痛苦,或者当我们的注意力在别处时,我们就会发现自己处于一种"不了解"的状态。

这段时期的我是不是格外敏感呢?我是否注意到了在其他时候所看不到的巧合?还是说所有这些巧合都只是巧合?难道说偶然事件,还有无意义的随机事件,其实并不神秘,也并非是在无意识的情况下发生的?

贝尔：美女还是野兽？

我面见过一个叫贝尔的男人，此人情场失意，一进门便重重地坐到沙发上，神情落寞地盯着我。我主动要他谈谈自己的来由，他也只是寡言少语，闪烁其词地说起他的伴侣、孩子还有工作——他在信息技术行业工作，这份工作于他而言十分无趣，但足以维持生计。他有着一双黝黑的大手，一头乱蓬蓬的卷发，笑起来嘴角总是一高一低。要不是浑身那股湿漉漉的悲伤气息，他还算是相当有魅力的一位男性。

听他迟迟不入正题，我终于忍不住说道："看来你不好倾诉你的困扰。"

他将目光移向窗外，说道："我受不了她叹气的样子。"

"叹气？"我怀疑自己是听错了。

他又沉默了一会儿，接着抬起头来，点头道："是的,她叹气的样子。"

随后我又多次向他打听,但他似乎并不愿意多说,于是,直至第一次治疗结束,我也没能了解到更多与他口中的叹气有关的事情。坐车回家的路上,我百思不得其解。我本人很在意叹气这一举动,单从这么一个小小的信号里,我就可以察觉到对方当时的状况。再者,我自己就有叹气的习惯,我觉得叹气有时还是一种不错的放松方式。

第二周当贝尔再来找我时,他表示:"今天晚上我跟我家那位说了要来找你。她当时正在厨房喂狗,我问她愿不愿意来,她头都没抬一下,只是叹了口气。"他顿了一顿,"我当时很想打她。要是她再那样叹气,我恐怕真会动手的。"

我惊恐地打了个寒噤:我能明显听出他语气中的那股愤恨,却听不出他话里的担忧意味。接着我问他为什么忍住了没有打她,以前有没有打过她。他摇了摇头,视线向下盯着自己的鞋子。

"我从来没有打过她,我想我永远也不会打她,可有时我觉得自己好像要气炸了似的。"接着他又为他刚才所说的话道歉,并向我保证他绝不是什么危险人物,叫我不必担心。

在接下来的心理治疗中,他一个劲地谈论着自己的工作,我默默地听着,突然感到又累又困。我极少会有这种困倦的感觉——大多数情况下,当患者说话时,我都会全程陪在他们身边,注意他们说的每一句话、做的每一个表情,还有他们在收到建议时的反应。我全心全意地对待他们,竭尽全力与他们产生联系。所以,在治疗过程中感到困倦其实是一件需要认真对待的事情,我会反问自己,为什么会出现这种情况,患者是否在无意识地向我传达什么。结合我个人的工作经验以及他人的真知灼见,心理治疗师之所以会有困倦之感,可能是因为患者过于压抑自己内心的情绪,所以从表面上来看,他们的言行举止毫无生气,身上最活跃的部分被压制住了。我在思考这一问题时,当然是已经排除了一些显而易见的错误答案,比如时差反应、晚上没睡好等,这些都不是那天我感到力不从心的原因。在治疗快结束的时候,我在想,他一开始表现得那么暴力,现在却显得毫无生气,这也太奇怪了。

"你是怕妻子激你,你一直以来都是在压抑体内的怒气,而不是去弄清楚自己发怒的原因。"我暗示道。

他点了点头，说以前帮他戒酒的心理治疗师也是这么说的。我很惊讶，因为他没有提过他有酗酒的问题。他现在才告诉我，他是从自己第一个儿子出生后开始酗酒的，他去年还离家去康复治疗了六周，截至目前已经十四个月没喝酒了。

"你是在戒酒之后开始对妻子的叹气声有那种感觉的吗？"我问道。

他点了点头。治疗即将结束，在他慢慢地收拾东西离开我的咨询室时，我想到了他发怒的样子，猜想着他从前是不是靠喝酒来压制怒火。在他过去酗酒的那段时间里产生的某些夫妻间的问题，如今就要浮出水面了吗？

一周后，贝尔很早就来了，他耐心地在门外坐了二十分钟，但当治疗开始时，他却无话可说，我们就这样干巴巴地坐着。过了一会儿，他身旁的手机响了，他拿起手机读过信息后回头看了看我。

"她在外面，她想进来。"他惊慌失措地看向我，我愣了一下，在想外面到底是谁，难道是要来抓他的什么危险人物。接着我明白了，他说的是他妻子。

"我该怎么回她？"他惊恐地睁大了双眼问道。

"你想让她进来吗？"我问道。

"别把我跟你说的话告诉她，"他从沙发上站起来恶狠狠地说道，"我下楼去找她。"说完他便起身离开了。

我在咨询室里苦苦等待着，脑中甚至浮现出他妻子冲进咨询室质问我的场景。贝尔看到短信的反应让我觉得他妻子一定很可怕。过了一会儿，我听到外面传来了说话声，接着是上楼梯的脚步声。房门打开，贝尔回来了，一个身材纤弱的女人跟在他的身后。那女人生着一双美丽的棕色眼睛、一头卷曲的棕色长发，还穿着一袭缀满小白花的绿裙。她就座时紧张地冲我一笑，一双可爱的深色小脚还有脚踝上那条小金链子一时间吸引了我的目光。

"很抱歉我不请自来了。上周贝尔请我来，我没有来，我心里其实很愧疚。"她停顿了一下，甩了甩头发，接着带着些疑问看向我。"当然了，要是不欢迎我的话，我现在就可以走。"她看了看我，又看了看贝尔，头歪向一边，想让我给个表示。她看起来温顺极了，与我想象中大不相同。

后来我们就这对夫妻的想法进行了一番讨论——伴侣心理治疗是两人共同的想法吗？有了妻子的参与，贝尔在治疗期间是否会感到不自在？我建议他们先行离开，等想出一个最优解后再来告诉我，届时再看看后续如何安排。

离开时，这位妻子握了握我的手，再次为她的突然造访表示抱歉。我心想，以后不知道还能不能再见到她。

三天后，贝尔给我发邮件说他妻子莎芙伦不来了——莎芙伦觉得他应该独自接受心理治疗。

再次见面，贝尔的模样简直令我大吃一惊。他穿了一条深绿色的瑜伽裤，突然就显得没那么古板了。

"上周的事我真的很抱歉，"他开口说道，"我以为自己是希望她来的，但其实不是。别让她知道我跟你说过有关叹气的事。要是她知道我跟你说过这些话，她会生气的，会发疯的。"

见他表现得如此害怕，我在想，他到底是担心莎芙伦会受伤，还是担心她会生气？

"你在提起莎芙伦的时候好像很怕她，还是说，你怕她不高兴？你好像是怕自己说了什么不好听的话，惹得她难过或者爆发。"我在说这话的时候心里很清楚，贝尔对莎芙伦的感觉肯定和我对莎芙伦的感觉是不一样的。但我还是无法将上周那个来参加治疗的人——那个看上去沉静、坚忍的女人——与贝尔此刻所表现出的恐惧联系起来。可贝尔似乎并没有告诉我任何有关她的事情，这就足以证明他的担忧自有合理之处。有些事情就是说不通。

在进行伴侣心理治疗时，心理治疗师经常会遇到这样的情况：伴侣双方对彼此的看法与实际情况之间存在偏差。我还记得有这么一对伴侣，女方名叫约兰德，年纪五十多岁，举止优雅，事业上也颇有成就，我们见面那会儿正值初夏。约兰德的丈夫是军职人员，当时正在外游历，于是我们破例达成约定，在她丈夫九月份回到英国之前，她都独自过来接受治疗。约兰德的生活十分充实有趣，她会花大量时间去照顾他人，她觉得这么做很有意义，而且充满乐趣。不过，对于自己的婚姻，约兰德却深感失望，在我们单独见面的几个月里，她总是向我诉苦。于是，在我们谈话的过程中，我脑中总会浮现出一个冷酷无情的男人形象。当说起丈夫其实并不关心她，也不关注她的生活时，她双眼湿润；当说起丈夫蛮横专制，还是控制型人格时，她又火冒三丈。她告诉我，丈夫总是挑她的刺儿——挑她的厨艺、她的着装甚至她的伙伴。在她口中，男方完全被描绘成了一个极度大男子主义的男性形象，周围人对于他们这一对也颇有非议。在夏天即将结束的时候，她丈夫在我脑海里的形象已经生动到让我想起了小说《福尔赛世家》[1]里的索米斯这个角色。索米斯残忍冷漠，没什么能力，而且十分自大，总之，他那凶残的形象一点也不吸引人。所以，在我安排与约兰德丈夫单独见面，好开展后续共同治疗的事宜时，我的内心其实是有些忐忑的。

九月的一天，一个个子高挑、有点秃顶但一身正气的男人走进了我的咨询室。他热情地朝我笑了笑，接着开始向我娓娓道来，告诉我约兰德说了我不少好话，还说他一直盼望着能过来。听到这话，我不由得吃了一惊：眼前这个男人与我想象中的完全不同。他既不冷漠，也不傲慢，反而彬彬有礼，而且令人惊讶的是，他身份不凡，为人却十分谦逊。约兰德心中的丈夫形象完全是被扭曲了。不过，虽然约兰德的丈夫并不像她以为的那样夸张，但随着时间的推移，我逐渐发现他在某些方面确

---

1. 英国作家高尔斯华绥（John Galsworthy, 1867—1933）所著长篇小说，以整个英国社会为背景，着重叙述福尔赛家族中大房老乔里恩父子和二房詹姆士与索米斯父子的交恶，描写了福尔赛世家几代人的生活，是英国资产阶级由产生、发展到腐朽没落的形象编年史。

实造成了妻子的误会。这可不只是丈夫在妻子心中的形象那么简单了。现实中的那个人，其实既不是"美女"，也不是"野兽"。

贝尔在面对莎芙伦时，总是会感到脆弱和恐惧，他的内心也就这样一直扭曲着。我教过他该如何向妻子直接表达，可他总是迈不出这一步，所以一切都还是老样子。几周过去了，贝尔依旧是那套与叹气有关的老话，我们也依旧无法理解其中的深意。我想知道，为什么他听到叹气声会这么难受。我看得出来，他经常会暗暗与妻子怄气，于是我们便定期对他生气的原因进行分析。渐渐地，贝尔开始承认自己内心的不快了，但当听到妻子叹气时，他还是气得想要动粗。

某个周二的早晨，贝尔满脸疲惫地走进咨询室：他的头发乱蓬蓬的，看上去就像他本人一样没精打采。他告诉我，他担心了一整晚，因为被莎芙伦顶了几句，他就一夜没合眼。

"开始是因为我下班回家的路上忘了买面包。她说我不听她的话，说我粗心大意。她还当着孩子们的面这么说。"他短暂地停顿了一下，与我四目相对，我猜他大概是想博取我的同情，接着他又继续讲述起这段悲惨的故事。莎芙伦待他不公，莎芙伦对他不好，莎芙伦从没对他表达过感谢，莎芙伦似乎从不为他着想。我一边听着，一边心想，莎芙伦对他说的话明明听起来很温和。

"贝尔，你总觉得莎芙伦在生你的气，我想知道是什么原因呢？"

"她还没有原谅我。"

"原谅你？"

"因为我错过了阿尔洛的出生。"

接着他万分羞愧地告诉我，在第二个儿子出生时，他正好下班后在酒吧喝酒。莎芙伦打电话给他，说觉得自己要生了，但不知何故，他并没有离开酒吧。等他最终回到家时，莎芙伦已经独自去了医院。等他到达产房，因为喝得烂醉如泥，又被助产士打发回家了。他说完后，我们互相沉默了一会儿，我等着他继续说下去。

"莎芙伦带着宝宝回来，没有搭理我，她甚至都不把孩子给我抱抱。好像孩子跟我一点关系都没有。"贝尔的声音有些哽咽，"阿尔洛一周大的时候，我去看了全科医生，医生安排我去了康复中心。在我戒酒期间，莎芙伦的母亲搬了过来。"

"我想知道你回家的时候情况怎么样？"

贝尔耸了耸肩。"我们还没好好谈过这件事。"

贝尔此次的坦白让我进一步了解了两人的处境,莎芙伦当时一定体会到了深深的失望和背叛,我打心底里与她感同身受。如此粗心大意,没能赶上自己儿子的出生,这种感受一定令贝尔久久难以释怀。

"也许她是在用叹气这种方式来表达自己未愈的心伤,贝尔?"我暗示道,"在我看来,每次她叹气的时候,你都觉得她是在责备你的所作所为。听到她叹气,你就会感到内疚,就会很恨她。"贝尔神情痛苦地点了点头。"你们似乎都难以直面自己的感受,甚至不知道自己到底有什么样的感受,而且你们都觉得无法与对方好好沟通。为了缓解情感上的痛苦,你曾用酒精麻痹自己,而莎芙伦也许只能用叹气来表达她的情绪?"

"我只希望她能幸福。我希望我可以让她幸福。我曾经做到过这一点。如果我不能让她幸福,那还有什么意义?这一切有什么意义?"贝尔伤心地答道。

对贝尔和莎芙伦来说,他们之间唯一的交流不是呼气、叹气,就是生闷气。贝尔对于这类"交流"十分警惕,这些几近无声的"指责"总是会让他的触角猛地竖起。

几次心理治疗过后，贝尔告诉我他感觉好一点了。他说天气好，他的心情就好，还说他特别喜欢穿过摄政公园来到我的咨询室。"六月活力满满！"说完这话，贝尔笑了起来。我说我觉得他今天看起来也活力满满。随后他一副若有所思的模样，开始说起他有多么希望自己能够更加自由随性。

"自由随性？"我附和着，希望他能再深入解释解释他的意思。

他耸了耸肩，我注意到他双手紧握，似是在保护自己的胯部。

"你所渴望的随性与你的性感觉有关吗？"我问道。

他点了点头，接着说起他与莎芙伦今天早上的性生活。那是他们时隔多日第一次做爱。说着说着，他开始解释道，在他酗酒那会儿，他们的性生活就"一去不复返了"。大多数时候，他晚上都喝得酩酊大醉，没法发生关系，而莎芙伦早上又总是比他起得早。他从康复中心出来后，他们有过多次性生活，但效果都不太理想，所以他们就此打住了。

"什么效果不好，贝尔？"我问道。

贝尔吐了一口气，看起来不太自在，但过了一会儿，他告诉我莎芙伦不喜欢做爱了。她一点也兴奋不起来，而且他试了又试，也没能让她兴奋起来。

"今天早上，她高潮了。她好像很享受——我想孩子们会听到她的动静。"

"叹气声？"我笑着问道。

"对，叹气声！很多很多的叹气声！"他笑道。

后来我们又聊到，他只有在让莎芙伦幸福时才会展现出好的一面，此外，在莎芙伦怀孕之前，无论他们之间有什么问题，他总是能让她感到满足。这就是两人和好的方式——不用言语，而用身体。

那次治疗之后，莎芙伦的叹气声不再让贝尔那么生气了。事情有了新的进展，我们开始聊起他对自身善良的脆弱感知——他不确定自己究竟是一个善良的好人，还是一头自私的野兽。

人们会重复他人的行为模式，比如沟通模式就是我们在双亲膝下学会的。经过一系列的治疗，我发现贝尔的父母在一起并不幸福。他父亲脾气暴躁、冷漠无情，而他母亲常常愁眉不展、灰心丧气。贝尔对母亲的情绪非常敏感：母亲就是家里的主心骨，影响着整个家庭的氛围。她偶尔高兴了，就云开雾散见天明，但大多数时候她不高兴了,就乌云密布晴转阴。贝尔印象最深刻的就是母亲把微型电视机放在腿上的托盘上,就这样在卧室看电视的场景。他会轻轻敲门进去,小心翼翼地坐到床尾,只为靠近她。他还记得那个蓝色的烛芯纱床罩,这个孤独的小孩会百无聊赖地用手指拨弄它,害怕母亲会觉得他讨厌,把他赶走。在成长过程中,他总觉得自己不是个讨人喜欢的人,几乎都没让母亲高兴过。他打心底里认为自己就是一个负担,害怕自己就是叫母亲伤心甚至失望的原因。如今的他生活在令莎芙伦失望的恐惧之中。他会像监视母亲的情绪一样监视着莎芙伦,惴惴不安地关注着那些乌云。当莎芙伦阳光开朗,或者因他而发出幸福的叹气声时,他会既开心又自豪,觉得自己就像个王子;如若不然,他就会变得愤怒而危险,好比一头邪恶的野兽。

第二部分

背叛

我肯定会叫你伤心,你也肯定会叫我痛苦。我们注定会互相伤害。可是,这就是生存之道。有冬去才有春来,有消亡才有存在。

——安托万·德圣埃克苏佩里(Antoine de Saint-Exupéry),
《舞者玛农》(*Manon, Ballerina*)

什么是背叛？背叛几乎总是充斥着谎言，夹杂着自私。背叛者将自己的利益、愿望与需求放在第一位，他们享受着所爱之人的信任，却不会对对方报以同样的信任。通奸和背叛的行为会在许多地方招致重惩，但在其他地方，至少在西方，这两种行为都不会带来可怕的后果。西方的通奸者虽然不会被砍去双手、剜去双眼或者驱逐，但还是会遭到公众的谴责——我们会在媒体上对他们重拳出击，给遭受背叛的一方送去鲜花和关怀。但试想一下，我们有没有可能潜入"受害者"与"加害者"的心底，更好地理解双方的状况？

弗洛伊德表示，人生第一次背叛或许发生在我们面对与父母的关系之时。我们深爱着父亲或母亲，可对方心里爱着的却是另一个人，这一毁灭性的发现会让大多数三口之家的孩子心生不快，甚至会在许多人未来的感情生活中悄然荡起余波。

当我们背叛自己的另一半时，我们在爱与信任的纽带之中奋力挣扎，是否就是在心底无意识地攻击父母间的爱？女人和已婚男人发生婚外情，是否就是在报复自己的母亲抢占了父亲？男人找情妇，是否就是成功战胜了父亲，因为对方夺走了自己珍爱的母亲？

可是，背叛并不全是关于性的；情感关系中有着太多的谎言和欺骗，如此种种，都在破坏我们最亲密、最有意义的关系。

卡迈勒床上的睡美人

"你他妈的一定是在开玩笑。不可能……绝对,不可能。"卡迈勒爆发了。

塞西莉满脸泪痕地坐在那里,她的胸口因为不可名状的感情上下起伏着。卡迈勒起身要走。"我来这里不是要听这些话的。对不起,苏珊娜。"他站起身朝门口走去。随后他犹豫了一下,伤心地转向塞西莉:"你想让我走吗?"她看了看我,又看了看他,接着轻声说道:"不,别走。"

事情是这样的。"塞西莉——外遇?"几周前知道这件事后,我就在笔记本上潦草地将这句话写了好几遍。现在一切都说开了。嗯,算是说开了吧。我松了一口气,治疗工作总算是可以开始了,我们都不用再扭扭捏捏、犹豫不决了。这件事并不是塞西莉当面告诉我的,是我听她有关自己和两人生活的描述推测出来的,显然她是有了外遇!有趣的是,卡迈勒怎么会过了这么久才反应过来,他甚至没有问过对方为什么总要工作到很晚,为什么周末总要打电话。我在想,这是在故意视而不见吗?难道卡迈勒故意不想知道吗?或者说,他没发现这事,是由于某种更深层的、无意识的东西?

在塞西莉的鼓动下,他们坚持来了好几个月。塞西莉说,她担心两人已经对这段关系产生了厌倦感,要是不做点什么,最终结局就会像他们的父母一样。塞西莉留着一头短得惊人,甚至可以看到头皮的短发,她的头发被漂成了金色,鼻翼上穿着一小颗钻石,整个人身材娇小,凹凸有致,一下子就让我想起了蕾哈娜。不过,塞西莉虽然同这位歌手一样光鲜亮丽、性感撩人,但就魅力来说还是差了一截,因为她最近刚刚获选为伦敦东部偏远地区的地方政客。卡迈勒生得也十分标致。他总是一袭黑衣,那头又长又直的头发被他扎了起来,扎得很低,发丝间已经开始冒出些灰色。他们身上有一种冷淡而又精明的东西——这种冷淡在治疗期间也略有体现。

在第一次治疗时,卡迈勒对我乃至对整个治疗过程都没有表现出什么兴趣。我询问他们的来由,他说是为了塞西莉：他自己没觉得他们有什么问题，而且他也不太赞成与陌生人谈论他们的关系。接着他开始盘问起我的经验、资历和报酬，还问我能不能讲价，能不能因为他们有三个孩子而打个折。我询问了他们的经济状况，要是他们真的付不起治疗费，我也可以开个后门。但很快我就发现，两人的收入都还算合理，所以我就把注意力转到了卡迈勒对于来接受治疗的矛盾心理上。可我并没有想出个所以然来。卡迈勒表现得很生硬，他坚持认为自己来这里是因为塞西莉的要求，只要是塞西莉想要的，他大抵都会同意。

二十分钟后，卡迈勒的敌意消失了，取而代之的是一副迷人而又有些冷淡的面孔。我很快就弄清楚了，他们对于来接受治疗的矛盾心理实际上是共通的。塞西莉太忙了，所以我们花了很长时间才定好心理治疗的时间。她问我早上七点能不能去给他们面诊，晚上十点还上不上班，星期六上午或星期天下午可以吗？显然，这对伴侣是很难信守约定坚持治疗的那种类型。

几周后，心理治疗终于开始了，但他们好像不知道该说些什么。卡迈勒总是很安静，他只对塞西莉说的话感兴趣。而塞西莉每次开口说话都是在拐弯抹角、含糊其词地发泄自己的不快。浪费了这么多时间,我有些不耐烦了:这样一味推诿和逃避真是令人沮丧。卡迈勒那种自以为是的高冷气质,还有塞西莉支支吾吾的古怪行为,都令我很难说清他们是在提防着什么,他们内心深处很可能非常害怕,怕不知道正经开始谈话后会发生什么。

塞西莉的不快似乎源于卡迈勒的性冷淡,但他们回避了这一点,只是会顺便提一嘴或者开玩笑地提到,所以我们没办法深入探讨这个问题。有几次治疗的时候,他们不自然地谈起了三个孩子,一个四岁,一个三岁,还有一个两岁,但就连这些话题也没能深入进行讨论。我口中说出的东西也是干巴巴的,就好像是从随处可见的婚姻指导手册上摘抄而来的评论。他们不对我敞开心扉,所以我也就没有什么有意义的话可说。

几周过去,我听到的多是塞西莉如何如何忙。反观卡迈勒,他会去托儿所接孩子们,会给他们泡茶,还会把他们哄睡,然后等着(通常是)微醺的塞西莉回家,再把孩子们叫醒,一一拥抱。其实我对塞西莉的意见越来越大,但卡迈勒还是坚决避免和她摊牌。他只会温和地对她说,四岁的比利想多见见妈妈。后来,我听说卡迈勒独自一人与孩子们一起过了周末,而塞西莉则去参加了一个工作会议。

塞西莉最终在复活节假期前向卡迈勒坦白了自己出轨的事,起因是卡迈勒想带她去土耳其的婆家度假,而她一直很抵触这件事。"我得工作,你知道我得工作。我得利用节假日去拉票,我不能整周都待在国外。你先带孩子们过去,如果可以的话,复活节假期后我飞过去。"这句话在房间里回荡着,就像在向对方宣战。卡迈勒一周前就表示过他非常渴望和她待在一起,她也答应过会把孩子们放在第一位——但这次她又出尔反尔了。我被塞西莉惹毛了,这也太欺负人了。

卡迈勒一脸挫败。但接着他又振作起来,转过头来看着她说:"你在骗我吗?塞西莉,别对我撒谎。"塞西莉惊恐地看了看他,然后又看了看我。

"我想他是希望你对他说实话,塞西莉。"我在说这话的时候就知道,塞西莉明白我已经知道她出轨的事了。

她点了点头,脸上露出惊恐的神色道:"真的很对不起。"过了好一会儿,她又说道:"你知道的,不是吗?你知道我在和别人约会吗?"

卡迈勒把头埋在双手之间,仿佛是想把她说的话隔绝在外。塞西莉心情激动地哭了起来:"对不起……我很抱歉。"

我静静地看着，整个人如同被钉在座位上一样。

"是谁？"卡迈勒咬牙切齿地问道。

一阵沉默过后，她用细小而平静的声音答道："弗朗基。"随后他爆发了。

卡迈勒的怒火好似一缕云烟，到下一次治疗时，他就几乎恢复了往常的冷淡与平静，并表现出很强的自控力。但在这次谈话时，他们第一次向我敞开了心扉，为我厘清了一切的来龙去脉。自从上周离开后，他们就彻底聊开了，两人一直聊至凌晨，内心都承载着巨大的情绪波动，轮番绝望地哭泣。他们每天晚上聊完都要分手，早上醒来后依旧绝望而心碎，在做完爱后又回到原点。鉴于他们对彼此已经毫无保留，我有一种感觉，他们现在的联系比起以往任何时候都要更加紧密。

从经验来看，我知道外遇有时可以成为一种催化剂，带来更加令人满意的结果，而且当一段关系中没有了任何冲突，只剩下乏味和死亡时，情况尤为如此。两个人之间若是没有冲突，也就通常没有性生活，但发现对方有外遇，则会引发欲望，双方也就突然之间有了做爱的激情。为什么会这样呢？部分原因是，真相都摆在了明面上，未来变得不确定了，为了重建某种虚幻的安全感，伴侣之间就会通过做爱来进行互相安慰。但同时我也注意到，外遇会让伴侣改变对彼此的看法：突然间的分别，以及被他人所需要会给他们带来新的兴奋和欲望。塞西莉的外遇是否会打破他们之间的某些东西，让彼此变得更加亲密？还是说，这段婚外情只是一个过渡过程，最终会令她结束这段关系，走向真正的分离？这样的婚姻还能算是忠诚的吗？

"我不是认真的，卡姆[1]。你不要觉得会受到弗朗基的威胁，"塞西莉恳求道，"你知道的，我只是想知道和女人在一起是什么感觉而已。"这时我才明白，原来弗朗基不是男人。

"可为什么偏偏是弗朗基？我不明白你怎么能这么做。兔子不吃窝边草的道理你不懂吗？"

很明显，他们都是弗朗基的密友。弗朗基在政治上很活跃，是塞西莉的战友，而且她就住在附近，两家的孩子也都一般大。弗朗基的丈夫去年走了，从那以后，

---

1. 卡迈勒的昵称。

她每天都会和这对夫妻接触。卡迈勒带弗朗基的孩子去托儿所，弗朗基则帮卡迈勒接孩子回家。当弗朗基想出门时，卡迈勒就会把她的孩子留下过夜……卡迈勒现在才知道，弗朗基出门都是和塞西莉一起。卡迈勒在照顾孩子的时候，弗朗基和塞西莉就在附近做爱。

故事一点点展开，我心想，卡迈勒怎么能做到如此冷静呢。塞西莉竟对自己生命中如此重要的人做出这种事，真是赤裸裸的背叛，这太丢人了。我胸中燃起了一股怒火，而卡迈勒仍然无动于衷，不愿接受。当心理治疗接近尾声时，卡迈勒说，塞西莉应该和我单独进行一次心理治疗——她需要他人施以援手，帮她确定自己想要的到底是什么。他自己则打算按原计划带孩子们一起去伊斯坦布尔。

一周后，塞西莉来到我的咨询室坐下，她看起来苍白清瘦，原先那丰满的光泽消失不见了。她在包里翻找着，为了些不重要的事情向我道歉，接着把自己的纸巾稳稳地放在膝盖上，哭了起来。

"我该怎么办？我该怎么办，苏珊娜？我跟卡姆完了，孩子们完了，我们的家也完了。我该怎么办？"她大声地擤着鼻子,与我四目相对,好像我能给她答案似的。"我爱卡姆。我喜欢我们在一起的生活。我不知道我为什么要这么做。我已经试了又试,想和弗朗基分手,但是……"她的声音越来越小,"告诉我该怎么办,求求你了。"

"这种情况真是难以抉择,我看得出你心里很难受。"我中立地说道。

她深吸了一口气,看了看我,然后又看向别处。

"我会毁了孩子们吗?"

"如果你离开的话?"我问道。

她点了点头,道:"我内心并不希望我想要的东西伤害到他们……我该怎么向他们证明这一点呢?"

"这话说得好像有你没他似的,没这么残酷吧?"

"卡迈勒会恨我的,孩子们也会恨我的……"

"我想你是害怕自己恨自己吧?"

"没错,我的确很恨我自己,无论如何我都会恨我自己。"说完她又哭了起来。

治疗继续进行,塞西莉告诉了我更多有关她与弗朗基之间的事情,还说这段关系对她们来说就像是发现了新大陆。她们之前都没有和女人在一起过。她觉得她们真的很懂对方——部分原因是两人都是女性,而且弗朗基和她一样都是混血,和她一样非常热衷于政治。她们深爱着彼此,塞西莉还向我描述了她们紧密而愉悦的肉体关系。

"我也喜欢和卡姆在一起,但我不确定他是否还喜欢和我在一起。"

"你是说性生活方面?"

"是的。"她顿了一顿,道,"我的性生活从来没有这么棒过。卡姆在这方面好像没什么热情。我是说,即使这几周我们也做了很多次,但都是我主动,而不是他主动。"

"在我看来,你心里觉得弗朗基是真的想要你,而卡姆其实并不想要你。"

"正是如此,是的,一点没错。弗朗基想要我,而卡姆不想要我。不过也不完全是这样,我觉得卡姆从来就没有想要过我。自我当选以来,我们就很难再有交集了。弗朗基知道我在做什么,也知道我为什么做,而卡姆其实并不懂我。"

我们静静坐着。

"他到不了高潮,"她突然说,"他没有高潮。我从来就没能让他高潮过。这种情况已经持续好几年了。"

我等待着，心里琢磨着孩子们的情况，以及他们是如何被"造"出来的。塞西莉正巧说出了我的想法："我们去了牛津大学的一家诊所，在那里做了 IUI[1]。"

"IUI？"

"我不记得这是什么意思了，基本上就是让他对着一个罐子手淫，接着就有人来给我注射。那些人还检查了我的生育能力。每次都中，成效很快。"

我脑子里闪过许多问题。他们是怎么做出这个决定的？为什么他们不去做针对性治疗呢？为什么她要忍受这样的性生活？如果性生活一直以来都是个问题，为什么她一开始要和他在一起呢？

"感觉你们都不太满意啊。"

她耸了耸肩道："我不知道。我想卡姆根本就不在乎。"

听了这话，我当即大吃一惊，却又百思不得其解。我知道卡迈勒不像塞西莉那般热衷于男女之事，但他

---

1. 宫腔内人工授精，即通过非性交的方式，将经过处理的精液注入女性子宫腔内，以达到受孕目的的技术。

对塞西莉十分忠诚。从他身上那股自信的男子气概就能看出，他是打心底里想要成为一个好丈夫、好父亲。我很难把这样一个人和塞西莉口中所说的人联系起来。

地铁上人多拥挤，没有空位。从尤斯顿到卡姆登镇，我抓了一路的拉手，希望有人能让座。正当我开始接受现实，觉得自己得一直站到海格特[1]的时候，一个三十多岁的高个子男人朝我笑了笑，打手势问我要不要坐下。我感激地点了点头，与他交换位置，一屁股坐到了温暖的座椅上。男人殷勤的举动使我想起了卡迈勒。显然，我脑中浮现出了一些与性别认同有关的东西。这不是我第一次遇到这种情况了。如果塞西莉现在觉得自己可能是女同性恋，觉得卡迈勒似乎不喜欢和她做爱，那么这意味着什么？他们之间是否达成了某种默契，这种默契足以让他们将性生活抛诸脑后？他们是否都不确定自己是异性恋，这就是他们无意识地选择对方的原因吗？

1.尤斯顿、卡姆登镇、海格特均为伦敦市内地名。

理解性、处理性，这两件事可能是我工作中最令人困惑的部分，也是我一直以来想不明白的问题。当然，部分原因是许多伴侣难以去分享彼此生活中的隐私，另一部分原因则是性欲。性欲会给人以幻想，而这些幻想又往往被埋藏在更深层的潜意识之中，不但难以触及，而且与语言和理性脱节。伴侣身上通常都会有一种与性行为有关的"症状"，这种"症状"令他们无法共同拥有满意的性生活。这些"症状"有时比较直观，有时却又不然。比如，强壮有力的丈夫对妻子的身体感到厌恶，却对老年色情片感到兴奋；开明有爱的妻子无法被唤起性欲，即使在爱人的触摸下也无动于衷。我们的身体可以讲述故事，但要将这些故事翻译成可以理解和分享的语言，这一点却很难做到。

复活节假期的原因，我过了将近三周才再次见到他们。我们事先用电子邮件进行了一些交流，而且说好了要对卡迈勒进行一次单独的治疗。那是一个美丽的春日，我沐浴着午后的阳光，在外面散了会儿步。当我走近咨询室时，我看到卡迈勒正捧着手机站在大楼外埋头聊天。他戴着一条色彩鲜艳的绣花围巾，整个人站在阳光之下，看上去皮肤黝黑，十分俊朗。他没有半点伤心痛苦的神色，反而容光焕发。

十五分钟后，这个皮肤黝黑、面容英俊的男人便攥着手机坐到了我的沙发上。

"抱歉，我得把手机开着。"他指了指自己的苹果手机，"免得有工作上的急事。"我一边点头，一边心想，他竟如此漫不经心、语气冷漠，可真是疏远。

"我们上次见你是什么时候？久得像是过了好多年似的。"他哈了一口气。

接着他开始喋喋不休地说起自己的伊斯坦布尔之行，还说到孩子们见到祖父母后有多么高兴。他说塞西莉并没有真正理解他对于家庭的义务，他还猜测这都是因为文化差异，这个问题是应该好好讨论一下的，可他们从没有这么做过。他又说起孩子们是混血，还祖父母非常沮丧，因为孩子们没能被培养成优秀的穆斯林。这些都是我们以前没有讨论过的、重要的事情，但他的语气却带着几分轻蔑，听起来不痛不痒的，给我一种明显的距离感。卡迈勒这样的行为让我觉得自己就是个愚蠢的老好人，好像他一点事都没有，不论是他个人，还是他和塞西莉两人，现在都不需要我再做些什么了。看着他一步步搭建起这样一个人设，我心里明白，这种冷淡很可能是治疗中断的正常反应，或者只是他自己处理问题的一种方式。就这样，我等待着，不论接下来会发生什么事情，我都全然接受。

最后，仿佛意识到了自己是在浪费时间似的，卡迈勒陷入了沉默。彼时太阳已经落到天边，夕阳映入了我的双眼。我透过明亮的光线眯起眼睛望着他，只见他脸色一沉，整个人突然变得疲惫而忧伤。

"卡姆，碰到现在这样的局面你一定很难受。我知道你很想把一切都处理好，我也知道你不希望自己变成那个身处困境需要帮助的人。"

卡迈勒朝我热情地笑了笑，他那双美丽的棕色眼睛弯成了月牙，似乎是觉得我的话很好笑。"也许吧。你说得有道理。但我现在必须振作起来，你肯定能理解的。塞西莉现在状态不太好，所以得由我来处理这件事，对吧？我最关心的是孩子们。孩子们才是受害者，对吧？我得陪在他们身边，对吧？"

我什么也没说。他想要一个肯定的答复，而我却不能给他这样的答复。

"塞西莉已经和弗朗基分手了。我们要搬家了。我把房子卖了。我们都觉得最好是和弗朗基……保持点距离。"他发现我脸上略带疑惑的表情后解释道。

我不知道该说什么。这个看起来确定无疑的行动计划,就是卡迈勒处理实际上非常不确定的事情的方式吗?塞西莉确定吗?卡迈勒确定吗?虽然疑点重重,但我知道,如果直接发出挑战,只会引起他的反击。

"好像自从我上次见到你们以来,你们已经做出了一些重大的决定。我想你是想让我知道现在一切都搞定了。"

他犹豫了一会儿,我觉得他是在权衡——是要继续维持这种虚伪的假象,还是对我敞开心扉。最后他带着嘲笑的语气说道:"都搞定了?"他看着我,像是我说了什么蠢话似的。"不,还没有'定'下来。计划赶不上变化,我都快疯了。前一分钟,塞西莉还在家里,哄孩子睡觉,给孩子讲故事,做一个好妈妈,接着——砰!她就消失了,哪里都找不到她……"他的声音越来越小。

"这肯定很难,卡姆,你太难了。你肯定很难弄清楚你想要的究竟是什么。"

他点点头,我们沉默了一会儿。

"她跟你说过了,是不是?"这句话其实不是在问我,所以我等待着。"我被她惹毛了。我觉得你没必要知道。"我想不明白。他说的是外遇还是他的性交障碍？我把头歪向一边，脸上露出不确定的表情。"我说的是孩子们的事情，关于他们是怎么被怀上的。"他澄清道。

我点了点头，道："是的，她告诉过我。"

他再次陷入沉默。

"这件事是不是太痛苦了，你不想谈？"

他目光犀利地看着我，好像又开始纠结要不要信任我。犹豫了一会儿后，他终于开口了。他告诉我，在遇到塞西莉之前，他的生活一直以来都没有什么问题：他交往过很多女朋友，也有过很多次一夜情的经历，那时他的性生活还是正常的。但和塞西莉在一起的时候，情况就不一样了。在遇到她之前，他从来没有真正在乎过任何人：他以往的每一段恋情都持续不了几个月，而且，非要说实话的话，他觉得自己不是个合格的男朋友。他从没有忠诚地对待过任何一段感情。他四处游历，在远东工作过，从来没想过要和任何人认真交往。后来他遇到了塞西莉。那时他刚从北京工作回来，在异国他乡的那段时间，他的内心非常孤独。在他们刚认识的时候，塞西莉的状态不太好。她吸了很多毒品，还刚和一个渣男分手。他们在一起几个月后，塞西莉的母亲便因癌症去世了。这件事情极大地拉近了两人的距离。我轻声询问他："性交问题是否就是从那时开始出现的？"

"也许是吧，嗯，没错。我也不知道为什么，但就是从那时开始出现的。大概就是在她妈妈生病的时候。那段时间我的压力很大。"

"你是不是觉得自己得保护塞西莉，要照顾她，而不能为了一己之私，比如满足自己的性欲？"

"嗯，我一直都这样想，但我并不在乎。"他马上安慰我道。

"你不在乎？"我问道，"我想你可能是在乎的，你可能并不愿意将性行为作为'抱怨'你们之间的不平衡、不平等的一种方式？"

他看上去若有所思。治疗超时了，虽然感觉才开始没多久就结束了，可我也只好告诉他我们得到此为止了。他迅速站起身来，脸上挂着微笑，头也不回地离开了我的咨询室。我能听见他三步并作两步地跑下了楼梯。

我打开笔记本电脑准备查看电子邮件，可有什么东西一直在我脑中挥之不去。在我1986年申请成为一名婚姻指导顾问时，就有人问我，我认为自己最大的挑战是什么。要回答这个问题并不难——当时的我对女权主义充满热情,多年来也一直在进行女权游行,参加各种会议和增强意识的团体。我告诉评选委员会,我的挑战就在于我担心自己应付不了那些男性患者:比如那些恃强凌弱的丈夫,他们总是向妻子索取性爱,对妻子颐指气使。可是,不知出于什么原因,这类男性后来基本没有出现在我的咨询室里。相反,在我职业生涯的大部分时间里,情况往往都是相反的——我遇到的多是些怒气冲冲、百般责难的女性,以及百依百顺但疏离孤僻的男性。再到现在,我们又一次看到了非常明显的权力差异。随和冷静的卡迈勒似是屈服于性欲强烈、难以满足的塞西莉。但事实果真如此吗?

在我看来,伴侣之间对于权力的表达是性生活的核心。如果伴侣双方都有各自的权威,也就是说在这段关系中,双方都有"影响力",那么性生活往往就只是施展影响力的另一个舞台。理想情况下,"领导权"应该轮换,由伴侣双方轮流执掌。如此一来,双方就能达到一种平等的境界,就会把富有创造性的交流看得最为重要,这种交流能够造就全新的思想、想法,带来全新的投射和趣味。当伴侣关系遭遇瓶颈,开始停滞不前时,双方的性生活也会出现问题。在这种婚姻中,夫妻双方扮演的角色开始固化,给予与索取、强硬与脆弱,以及优势与劣势都趋向平衡。

又过了一周,塞西莉和卡迈勒这次看上去都异常压抑。塞西莉浑身冰凉,手里拿着纸巾,就连卡迈勒看上去也没有平时那么光彩照人。他们面面相觑。

"你先说。"塞西莉说道。

卡迈勒照做了。他一开口便是为塞西莉解释,说她情绪有多低落,过得有多艰难。最后我只得打断他,向他指出这些都是塞西莉的感受,而不是他自己的。

"他总是这样,"塞西莉说道,"他从来都不谈他自己,从来不会有意志消沉的时候,也从来不会发火生气。你就像个该死的机器人,卡姆。即使现在,即使现在发生了这种事,你也好像个没事人一样,就好像一切如常!"她悲痛地颤抖着说道。

"我不知道你想让我说什么,塞西莉。不是每件事都非要搞得一惊一乍的——我不像你。得不到自己想要的东西,我不会大哭,也不会表现得像个孩子一样,但我肯定也不会好受。我他妈一点都不好。行吧?可以了吗?"

塞西莉惊恐地睁大了眼睛——眼前的卡迈勒还在努力地控制着自己恼怒的情绪。我开始更加明白这是怎么一回事了。我听到塞西莉表达了对于双方感情的失望,还看到了她在这段感情中丑陋、自私、贪婪的一面,而这些正是卡迈勒不愿承认的那部分自己。卡迈勒将自己打造成了一个完美的付出者,徒留塞西莉在情感与冲突、自私与内疚的泥潭中苦苦挣扎。

他们怒视着对方,我第一次在他们的眼中看到了仇恨。

"你们现在都觉得走不下去了吧,因为你们的内心一边怀有丑陋的情感,一边又为此愧疚难安。而且你们还害怕一旦选择分开,就永远无法破镜重圆,还会给孩子们留下永久的伤害。"

他们悲痛欲绝,泪流满面——仇恨在此刻烟消云散。他们的情绪变得还真快。

"我不想伤害你,卡姆。"

"我知道。我知道。"

说真的,我完全能与他们感同身受。可沉默一会儿后,悲伤的感觉消失不见,可怕的仇恨卷土重来。

"也许你该找个人看看,你显然是脑子有问题了。"卡迈勒啐了一口唾沫。

"你觉得同性恋有问题吗？天啊，卡姆，你就跟你那愚蠢无知的母亲一个样……"塞西莉嘲笑道。

"难过一会儿也是不容易啊。"我指出。

卡迈勒看向我，道："孩子们会受到严重影响吗？我现在只关心他们。"

"这要看你们是如何分开的，以及你们分居后怎么处理问题。"

接着我提到了某项研究，说虽然孩子能从父母离异之中恢复过来，但父母之间的关系——即使双方已经分开了，也会对孩子产生很大的影响。只要他们在这个过程中通力合作，避免冲突和指责，孩子可能就会没事。我还谈到如果他们和彼此在一起时非常不幸福、非常暴躁，那么分开或许更好。

一周后，卡迈勒一个人来了，因为我们先前就说好要对他们单独进行治疗，这样效果可能会更好。他走进我的房间，递给我一只黑麻布袋子，袋子上面还印着一只红色小公鸡。

"给你的。"他一边奋力地脱下夹克，一边歪了歪头示意道。

我疑惑地看着他，接着把袋子放在了门口的地上。

"雷尼尔山[1]的樱桃是最好的,这是我们从美国进口的。这些樱桃今天刚到,时令超级超级短,大概就三个星期吧。"

我笑了笑。

"我想说声谢谢。我觉得我们的情况已经好多了,我们都很清楚彼此最后会分开。"他顿了一顿,"没关系。我们下周会一起过来——我们想讨论一下该怎么对孩子们说。这样可以吗?"

"当然可以。"

"我想谈谈我的……呃……障碍,你知道的,跟性生活有关的。"

我点了点头,余光顺势瞟到了那只粗麻布袋子还有袋子上那红色小公鸡的形象,我突然想到,这个图案其实是非常明显的男性力量的象征。

"那次治疗我一个人来的,你说你认为我有那方面的问题,是因为我在生塞西莉的气?"

我点了点头。

"我也不确定这对不对。"接着我沉默良久,等着卡

---

1. 位于美国华盛顿州的一座活火山。

迈勒继续说下去。

"我在十五岁的时候被母亲逮到看色情片。"他环视了一下房间,像是在提前找好逃跑路线似的。

他犹犹豫豫地同我说起色情片的内容,并且尽力对其进行露骨的描述,我逐渐明白了,那部片子的主角是一个男孩和他的妹妹,本质上就是在乱伦。他母亲大发雷霆,说他有病,是个变态。他觉得从那以后,母亲看他的眼神就不一样了。我们聊到了他当时那种羞愧感,他想知道是否就是那次经历令他房事"微恙"。当然,他经常会因为这件事感到十分内疚。没有与塞西莉发生关系,他会内疚,当真发生关系了,他会更加内疚。

"你从来没跟我说过你妹妹的事,卡姆。"过了一会儿,我说道。

"确实没说过,我们合不来。她回伊斯坦布尔了,就住在我父母家附近。就算我们前去拜访,我也见不到她。"

他告诉我,亚斯米娜比他小一岁,她常常利用自己"弱者"的身份将父母玩弄于股掌之上。她总是怨天尤人,为人十分讨厌,可父母却对她言听计从。

"你小时候照顾过她吗?"我问道。

"没怎么照顾过。母亲不相信我,因为我对她太差了。每次我对她不够好、打了她或者拿了她的玩具,母亲就会来找我的麻烦,"他笑了笑,道,"她以前就将父母玩弄于股掌之上……现在也还是这样。"

"你觉得她是家里最受宠的那个?父母更喜欢她而不是你?"

"当然他妈的是这样!我妈妈总是让我学着她点,对她好一点。"

接着他羞愧地说道:"色情片这事……与她无关。里面的女孩一点也不像亚斯米娜。"

我们沉默了一会儿,两人都在思考着这几件事之间的联系。然后我说:"卡姆,我觉得你的这个'症状'包含了很多东西。你对塞西莉有着一种复杂的感情,在她的需求面前,你总是要做出让步——也许就像你母亲想要你对妹妹做的那样。你现在的心情是不是很复杂,对于塞西莉和妹妹,你都是又爱又恨?"

他点了点头,道:"塞西莉与我妹妹有许多共同之处,不是说她们长得像,但在某些方面,她们都非常……"他搜肠刮肚了一番,"……很难应付,但也很脆弱。"

"你觉得塞西莉很脆弱,所以每次在想与她做爱的时候,你都不确定这种感觉究竟是在爱她还是害她?你不确定你那玩意究竟是好是坏,所以你就把给我的樱桃放在一个印着大公鸡的布袋里。"我微笑着说。

他笑了笑,然后专注地看着我道:"我想我母亲认为性交是件坏事。尤其对女性来说。"

"嗯,这就是你从你母亲那里得到的信息。不与塞西莉结合,其实是在保护她?还是说,你这么做也是在惩罚她?"

我想告诉诸位的是,的确,经过这一系列的心理治疗之后,一切问题都得到了解决。但心理治疗其实并非如此。每向前一步,往往也就后退了一步。心理治疗就像是一个螺旋式的过程,回顾旧的冲突,围绕新的挑战,如此来回循环。荣格说得不错:"我们很难逃避这样一种感觉,即无意识过程总是围绕着某个中心进行螺旋式移动,越是靠近,中心的特征越来越明显。"[1]

塞西莉和卡迈勒继续接受了为期半年的心理治疗,

---

1. Carl Jung, *Collected Works of C. G. Jung* (Routledge, 1973).

在那之后，塞西莉便搬去与弗朗基同居了。那六个月里，他们哭了很多次，也渐渐变得更加温柔，更加坚定，只为了能共同努力，确保孩子们得到尽可能多的保护。在最后的疗程中，也就是在对他们进行单独治疗的时候，我感觉得到，他们都告别了这段感情。塞西莉整个人心态更好了，也更幸福了，卡迈勒也略显紧张地告诉我，他开始和一个比他年轻得多的同事约会了。

在那六个月里，我从来都不确定结果会如何。他们会想尽办法继续在一起，还是会分道扬镳？那些在分开与和好之间徘徊不定的伴侣，总是叫我觉得猜不透。我永远想不到对方什么时候会灰心丧气地从一段感情中脱离出来，接着步入人生的下一个篇章。对我来说，这甚至比坠入爱河、结为夫妇的过程更难以理解。有时，伴侣双方明明走到了分手那一步，最后却又退缩了，这可能是因为他们现实中虽然还在一起，精神上却已经与对方分开了——双方都变得更独立，不再彼此纠缠了。还有时，伴侣双方根本不会分开。哪怕他们各自搬到了新家，有了新的伴侣，甚至有了新的孩子，他们也永远无法完全放手。

吃毒苹果的罗达

我刚过完复活节假期回来,收件箱里就出现了这样一封邮件:

亲爱的苏珊娜:
 我女儿说我需要看看心理医生。我是在网上搜到你的名字的。请问一次心理治疗收费多少?
 祝好!

罗达

我回信道:

亲爱的罗达:
 感谢你的询价。我的诊所位于昆安妮街,你可以下周三十点十五分过来当面咨询。不知你是否方便?

我的诊费是××英镑。

愿你安好。

苏珊娜

一小时后,我收到了回信:

我会考虑的。

我碰到的患者多是咨询完毕便了无下文,少有像这样直接表示要再考虑考虑的。实话说,这种情况还挺新鲜的。我还记得多年前有位前辈曾说,患者在决定要不要迈出就医第一步的那一刻,心里是最为矛盾的。在我工作过的各个诊所里,至少有三分之一的人不会在咨询过后来接受治疗。

然而短短几天后,我便收到了下面这封邮件:

我想过了。

我会按你所说于周三上午十点十五分准时赴约。

还请告知我你的卡号，以便我向你支付诊费。

不过，我还是得多嘴一句，你收费可真贵。

祝好！

罗达

一想到罗达这般直来直去的沟通方式，当周三早上等她过来时，我不禁感到几分惊恐（以及好奇）。当时罗达犹犹豫豫地站在门口，我微笑着给她开门，摆摆手招呼她进来，可她却没有给我以微笑回应。

"你想让我待在哪个位置？"她问道，"我躺到那里去好吗？"说着她指了指我的沙发。

"何不直接坐下呢？"我提议道。听了这话，她局促不安地坐到了椅子边上，眯着眼睛仔仔细细地打量起我来。她身材娇小，体态优雅健美，顶着一头剪短的银发。她双手交叉放在腿上，显得坚定而有力。

接着，她像准备了稿子似的，开始滔滔不绝地"演讲"起来，直言她很不看好我。她前来治疗只是为了顺女儿塔玛的意。她还好几次说我要价太高，甚至有一次直接问我为什么要收这么多钱。我告诉她我一般都是这个价，但如果她经济上有困难，费用的事情可以再商量。

她不以为意地挥了挥手，最后终于告诉了我她到这里来的真正原因。她满心挂念着自己的发小米歇尔，可如今她们已经不再联系了。她们的母亲十分要好，所以两人从小一起长大。从她描述的情况来看，她与米歇尔过去大多数时候形影不离。可后来两人闹翻，罗达便单方面与米歇尔"绝交"了。当我指出，在一起那么久的好朋友说断就断了，这种感觉肯定非常难受时，罗达不屑地哼了一声。

时间一分一秒过去，我挖掘到的信息也越来越多。罗达向我讲述了米歇尔那段不可原谅的背叛往事。可当她讲到两人渐行渐远的原因时，她突然兴致高涨，变得前言不搭后语起来。

"我这辈子就从来没有像她对我说话那样对别人说过话。真是太粗鲁了，真的又粗鲁又……"她想找个合适的词，"粗鲁！"

我不禁想到，罗达用来形容米歇尔的这个词，正是我一直以来想用来形容她的词，这可真是讽刺。

罗达这番长篇大论虽然弯弯绕绕，但最终我还是对她们两人之间的爱恨情仇有了更为清晰的了解。虽然米歇尔一直以来都是罗达的闺密兼知己，但她们之间的关系却总是起起落落。这些年来,她们曾因摔碎花瓶、假期安排等事闹得不可开交,甚至就因为不喜欢米歇尔新养的宠物狗,罗达有整整一年没跟她说话。但当罗达的丈夫离开她之后,米歇尔又与她恢复了联系,两人就此变得十分友好与亲密。

"米歇尔就像是你困难时期的避风港。"我轻声暗示道。

"并不是,"罗达生气地说道,"我们只是一起出去玩了玩。她那时单身,而我也突然回归单身——我们待在一起很……方便。而且那也不算是什么'困难时期'。我丈夫就是个白痴,坦白说,他离开那会儿,我感觉好极了。"

我一时语塞,只注意到她的声音里带着一股愤怒的鄙夷。我试着打开她心里柔软的一面,却被她狠狠地一把推开。

"我解释过很多次了,米歇尔的问题就在于她太保守、太挑剔了——她总是动不动就指责别人。"罗达总结道。我露出疑惑的表情,鼓励她继续说下去。"她不喜欢奈杰尔。"

"奈杰尔?"

"当我开始和奈杰尔约会时,她觉得这是……"她耸了耸肩,道,"不对的。她不赞成婚外情。"罗达说完翻了个白眼,往后一坐,等着听我的回应。

"这就是你不理她的原因吗?"

罗达接着解释说,是米歇尔先不请她去吃饭的。米歇尔每周五晚上都会做上一顿丰盛的晚餐,罗达从前也经常去米歇尔家吃饭,可现在她突然就成了"不受欢迎的人"。

"她的态度已经很明显了。虽然她没有直说什么,但我又不傻——她不但轻贱了我,对奈杰尔的态度更是糟糕。"

"你跟她谈过这件事吗?"我问道。她轻蔑地看了看我,仿佛我这个问题很可笑似的,接着又自顾自地说了下去。

"米歇尔和她的家人,还有我的孩子们,我们每年都会去我在怀特岛[1]的家里。我们多年以来都是这么做的。当时,因为奈杰尔要来,她就不想来了。她不来,她的孩子们也就没来。"

"她不来是因为她不喜欢奈杰尔?"为了把整件事弄清楚,我问道。

"没错!她不同意。因为奈杰尔,嗯,他算是已经结

---

1. 英国著名旅游胜地。

婚了。但他大多数时候其实都没和他妻子住在一块，所以我不明白她为什么要为此大惊小怪的。"

她接着又解释说，于她而言，米歇尔的行为是完全不能接受的，所以她告诉米歇尔说她们的友谊到此为止。我问罗达米歇尔对此有何感想，罗达轻蔑地说，米歇尔大惊小怪地哭了一场。

"不过不管怎么说，她就是个戏剧性的人，所以她总是会为这样或那样的事情大惊小怪。她现在每年还给我寄生日卡片，里面尽是些愚蠢的、伤感的话。我不知道她到底在伤感些什么，又费时间又费钱的，真是可笑。她好像接受不了我们绝交的事情。"

"每年"这个词绊住了我，我开始怀疑这次争吵发生有多久了。

"这是多久以前的事了，罗达？"我问道。

"十年还是十一年吧，我真不记得了。"

"天哪！"我难掩惊讶叫出声来，"嗯，那算是挺长一段时间了。我想知道你为什么现在才来治疗？为什么你女儿认为你现在需要来？"

"她觉得我着魔了。"

"因为米歇尔？是吗？"我问道。

罗达并没有直接回答我的问题，但在接下来的二十分钟里，她细数了米歇尔的种种"罪状"，间接给出了答案。被米歇尔"甩"了之后，罗达觉得自己遭到了背叛，心里又委屈又愤怒。而她女儿和米歇尔的孩子们依旧走得很近，在米歇尔一家庆祝生日和圣诞节时，她女儿也总是在场，现在女儿夹在米歇尔和罗达之间，很不好办。

"我女儿想让我和米歇尔'和好'，这样她就可以邀请她来参加婚礼了。"

"婚礼？"

"塔玛今年圣诞节结婚。"她简单回答道，好像我不知道这回事，显得脑子有些迟钝似的。

背叛的形式多种多样，它可以发生在恋人之间，同事之间，乃至兄弟姐妹之间。不过，女性朋友间的背叛似乎格外伤人，一般难以恢复。多年以来，我一直都在观察女性关系的本质及其特质。当女性走向成熟，放弃对理想爱人——会默默守护自己的、完美无瑕的、盖世英雄般的王子——的幻想之时，当她们认清事实，发现她们的爱人无法给予自己最亲昵的关爱时，她们常常就会转而到朋友身上去寻求那种特殊的、无条件的关怀。通常情况下，女性之间会通过镜像模仿、彼此协调来建立和维持友谊关系，并由此保护对方免受残酷现实的影响。有了朋友的安慰和共情，女性就会试着去重燃浪漫的理想，重整旗鼓，走出阴霾。但友谊是很难维持的，不平衡的友谊会带来嫉妒，友情的泡沫一旦破裂，就会释放出报复的怒火，就会使先前默认的不质疑、不反对成为空谈，就会让发自内心的仇恨取代原本的浪漫。

许多许多年前，我曾经面见过这样一位患者，有人说她是个女巫：她会庆祝夏至和冬至，养了很多猫，她还总是穿着黑色的衣服。她靠制作阴茎和阴道形状的蜡烛为生，同时她也会写些个性化的咒语和符咒挂在互联网上出售。她的顾客大多是女性。有一次，她给了我一系列印着诅咒的卡片。

　　以女巫之气息

　　借黑暗之风暴

　　我召唤心底怒火

　　诅咒你身受重创

一因你有眼无珠

二因你心术不正

我召唤心底怒火

诅咒你那嫉妒的双眼变得盲目

等黎明破晓

待日光返照

我便不再需要这份怒火

我也不会受到半分削弱

可你,亲爱的

你会疯疯癫癫

饱受嫉妒、恐惧和黑暗折磨

为内疚所苦,为内疚所束缚

　　进行了十几次治疗之后,罗达打定了主意,觉得自己不再需要这项服务了。她将我当成倾诉怨恨的对象,而不是能为她排忧解难的人。我尽力地鼓励她自己去寻找自己心病的由头。是不是与她过去失去的人或经历过的背叛有关?她与米歇尔的那次争吵是不是没能好好画上句号？可我一无所获，她就喜欢憋着那股气，就喜欢朝我大吐苦水，仿佛不知道那复仇的红苹果里其实藏着毒药。

随着谈话的深入，我逐渐意识到，罗达心里觉得好友背叛了自己，这种感觉已经与她本人融为一体，成了她身上不可分割的一部分。一旦她对米歇尔的感情有所增减变化，她就得再度经历失去好友的痛楚，而这种情形是她所不敢面对的。她必须时刻说服自己这么多年的怨恨没有白费，必须对米歇尔的背叛保持与日俱增的愤怒和痛苦。怨恨就是冷战的理由，而且我觉得，她这种不肯低头的强硬做法，其实是在摧毁自己对爱的需求。

在罗达苦苦抱怨几周之后，我开始将她和郝薇香小姐联系起来，也就是狄更斯小说《远大前程》(*Great Expectations*)中那个受人唾弃、生活在痛苦之中的老姑娘，她惨遭爱人背叛，永远失去了生活的希望。郝薇香小姐既嫉妒又克制，教她的年轻养女艾丝黛拉憎恨男人，伤透他们的心，由此扼杀了养女追求爱情的能力。"然而，她把自己和白日的阳光隔离，她把自己和一切事物无限地隔离；她孤独地生活，她把自己和成千上万自然而有益的事物隔离；她的整颗心都在孤独地沉思，因而扭曲损伤……"

我认为罗达的内心也充满了嫉妒,就像《白雪公主》里恶毒的王后一样,在复仇的过程中也毒害了自己。

我从前也遇到过类似的难题,知道这种情况会对患者产生根深蒂固的影响。这种精神报复的瘾,一旦染上了,就会给罗达带来巨大的打击,这对她本人造成的影响比对米歇尔的要大得多。我告诉罗达,这种报复情绪似乎没有给她带来任何好处,米歇尔向她抛来的橄榄枝结满了爱与希望,只有她自己还在苦苦挣扎、满心煎熬。她的怒气已经成了毒害她整个人生的毒药,很容易就会让她陷入与女儿的激烈争吵之中。我试着让她明白,自讨苦吃的报复根本就是毫无意义的。

"罗达,只要你还抱着报复米歇尔的幻想不放,你就是在不顾一切地伤害自己。就像你每天开着新买的宝马车撞她家花园的墙——她家的墙砖不过只掉一两块,你的新车却会彻底给撞坏。"

可我的话似乎并没有打动罗达,我无法走进她的心。当治疗结束时,她更是头也没回地就离开了。

浪子回头的唐璜

詹姆斯是个相当不讨人喜欢的患者，因为他背着个浪荡子的名声。七月下旬，他发短信联系我，说他读到了我在报纸上发表的一篇关于不忠的文章，内容令他很是吃惊，于是问我是否可以给他安排一次见面。我回答说我目前没空，但等九月份度假回来的时候可能会有时间。"你能等到那时候吗？"我问道。我立刻就得到了答案，他说他很乐意等，而且他非常期待来见我。

我喜欢假期，许多心理治疗师都选择在两个学年之间休假。然而，暑期长假开启前，心理治疗师的任务十分繁重。熬过漫长的一个学年后，每个人自然深感疲惫，但这还没完，因为久病患者的疗程通常都要等到八月假期结束前才能够结束。因此，想到自己只剩一个月就能把患者送走，我每天都止不住兴奋与期待，但除此之外，一想到要告别那些一同经历了漫长旅程的患者,我又常常会感到一丝悲伤。

众所周知,心理治疗师一年之中有两大转诊高峰期:暑假过后的九月,还有圣诞节假期过后的一月。今年的九月也不例外,我的手机和邮箱里满是潜在患者想要预约的信息,其中还有詹姆斯发来的友情提醒,叫我别忘了"承诺过"回来后就见他。

詹姆斯的短信让我误以为他是一个充满活力、魅力四射的人,但当他走进我的咨询室时,整个人看起来很普通——他就跟我们走在大街上看都不会多看一眼的路人似的。头发稀稀拉拉的,而且像是没有洗过;衣服很不合身;运动鞋上沾满了岁月留下的污垢;他还弯腰驼背,给人的感觉十分虚弱。

詹姆斯告诉我,他之所以想来,是因为有次下班后的酒会上,他的朋友形容他是"比鲍里斯·约翰逊还花的花花公子"。每个人都被这话逗笑了,但当在场所有的男性都只当这是句玩笑话时,詹姆斯心里却非常难受。当晚回到家后,他"感觉很不舒服",一晚上没睡着觉,从那以后,这种状况就一直持续到现在。他还滔滔不绝地说,以前他睡得很好,一般情况下不会受任何事情的困扰，但自那天晚上起，他就再也没法定下心来做任何事情了。

我试着和詹姆斯探讨了一下，他为什么会对那句随口一说的玩笑话感到如此困扰。这是他作为一个花花公子的真实想法吗？他把那句话当真了吗？还是说，他觉得自己受到了某种程度的羞辱？

他仔细地听着我的话，但似乎还是找不到自己苦恼的原因，也不确定朋友这样随随便便就拿他和鲍里斯比是否有事实依据。"我就是不明白。通常情况下，我对这些东西都是毫不在意的，但这件事真的让我很困扰。"接着他给了我一个大大的微笑，并补充道，"我希望你能帮我找出原因。"

外遇的原因有很多，但根据我的经验来看，外遇通常与伴侣之间发生的事情有关。出现了外遇的情况，一方面可能是因为两人之间出现了无法共同解决的问题，背叛行为有时就是一种有用的、危险的信号；另一方面，可能是因为一方对另一方的依恋减少，且准备从当前的关系向新事物过渡。但是，詹姆斯的情况有所不同，他一直以来的外遇行为似乎与他女朋友关系不大，只能证明他自身存在某些问题，以及他在亲密关系中遇到了一些困难。

接下来的治疗进展十分缓慢，我们的谈话有些呆板，有时甚至还尴尬得要命。他对我的建议不太满意，我的沉默更是让他焦躁不安。当治疗接近尾声时，我详细地说明了开始治疗后需要收取的费用、我可以定期提供治疗的时间，以及其他管理上的细节。我表示，要找出他失眠的原因似乎不太容易，但也许我们可以再复诊一次，多思考思考，他立刻两眼放光，坚定地回答说好的，他肯定是想再来的，他会安排好一切，下周来见我。

詹姆斯走后，我才想起自己一开始并不确定是否真的想再见到他。我严重怀疑他是否能定下心来接受心理治疗，我也十分好奇他到底和我"合不合得来"。不过，虽然第一次治疗詹姆斯没给我什么信心，但这反倒勾起了我的好奇心。线上的他显得很热情，也很有魅力，而线下的他却表现得相当无趣，而且毫无魅力。我在与他谈话时态度冷淡，这是不是正显示了他内心深处的真实想法，他觉得自己并不讨人喜欢？

令我大吃一惊的是，第二次见面的情景与第一次完全不同。这次的詹姆斯穿着一身剪裁精美的西装，他身材瘦小，头发稀疏，却表现得轻盈、健康、得体。时值九月，天气比较温暖，他立刻脱去外套，露出一件板型绝佳的衬衫，我当即注意到，这件衬衫完美地衬托了他纤细却健康的身材。这是件手工衬衫，我心想。谈话时，我更是认不出詹姆斯了，他不再是我一周前见到的那个身体虚弱、缺乏信心的人了。我很快就注意到了他现在的状态——不那么虚弱，而且更有主见了。我渐渐明白，詹姆斯是在向我展示他不同的两面，一面是不被爱，也不讨人喜爱的詹姆斯，一面是现在这个自信、闪亮的詹姆斯。哪一面是真？哪一面是假？

詹姆斯落座后小心翼翼地把裤腿抬了起来，免得让西裤变得皱巴巴的，接着他开始向我说起他的故事。他说年近四十的自己又一次陷入了与现在的伴侣格拉日娜和另两个女人之间的纠葛中。他解释说，他从未真正有过一男一女的情感关系，并且他已经习惯了同时和两个或三个女人约会。他的渣男行为总会败露，所以他经常被甩。他很少主动提出分手，通常都是女方甩了他。

"你不介意自己被'甩'吗？"我问道。

"不介意。"詹姆斯兴奋地说道，"就是会觉得有点烦，不过我一般早就料到会这样，所以可以提前另寻新欢。"

他还解释说，他觉得自己很迷恋这种"追求"的感觉，拈花惹草纵然令他懊悔，但他就是改不了，到现在都改不了。他在想，他现在的问题部分在于格拉日娜，她给他的感觉有点不同——她很特别。

"她太好了，苏珊娜。和她在一起，真是我高攀了。"詹姆斯笑着说道。我注意到他那口亮白整齐的牙齿，外表光鲜亮丽，里面却不知道藏了些什么脏东西。

"可是危机就要来了。她一直在巴黎工作，可合同快到期了，她想回伦敦来和我一起住。"他挑了挑眉，做了个鬼脸，好像觉得对方的想法很荒谬似的。"我们恋爱的大部分时间里都在讨论和计划这件事，所以这也不是什么新鲜事了。"他又笑了，露出那一口完美的牙齿。

"你还没说你对她要搬来这件事有什么看法呢？"我鼓励他再多思考一下。他朝我热情地笑了笑，说他觉得自己很爱她，也知道自己是时候该收心，组建家庭了，可一想到要放弃其他女人，他就犯"恶心"。

"你晚上也会有这种感觉吗，詹姆斯？"我问道，"这就是让你睡不着觉的'胃病'吗？"他目不转睛地看着我，我只是指出了很明显的联系，他这样子倒好像我说出了什么不同寻常的话似的。

"没错，"他大声说道，"你这么说，我就明白了。那你觉得我睡不着是因为格拉日娜吗？与我朋友的那句玩笑话无关？"

"对，因为你给我的感觉是，你正处于人生的十字路口处。一方面你想与格拉日娜更加亲近，想对她更加忠诚；可另一方面，你又不确定自己能不能做得到。"詹姆斯点了点头，一脸若有所思的表情。

詹姆斯不但对我的评论表现得饶有兴致，还在治疗结束时向我热情致谢，这让我觉得后续的治疗更有希望了。看到他准备好接受治疗，并且也真正参与到了治疗工作中，我深深松了一口气，感觉自己的心态发生了转变。说实话，我看得出来，这一切都是要循序渐进的——詹姆斯一开始看不穿自己，也看不出自己情感状态与行为之间的联系——但我现在充满希望，治疗工作开始起步了。

接下来的几周里，我了解到，詹姆斯是本市一家成功的公关公司的领导。他曾是个吸金无数的"神童"，而现在只能勉强吃吃老本。他承认自己在大学时染上了吸毒的毛病，但已经"戒掉了"，现在的他致力于健身，向着成为一个彻底的素食者的目标稳步前进。虽然有时还得操心工作上的事情，但詹姆斯觉得他的生活"除了与异性之间的关系之外，挑不出一点瑕疵"。詹姆斯还说，他在开始治疗之前就决定对我完全坦白,但我沉默了一会儿,没有接话。他知道如果他不告诉我一切,我就帮不了他。

"你要知道,没人知道我真正的样子。只有你。我花了很多时间去让别人相信我是个正直、可爱、正派的人……其实我不是。"

我暗自纳闷,他这话是不是为了让我在某种程度上觉得他很特别?这是不是他勾引女人的手段之一?但我还是把注意力放到了詹姆斯对于自己的负面情绪上,他说他进入公关行业这件事很有意思,因为这似乎就是他与人交往的方式,好像他需要去"策划"自己的公众形象似的。他很认同我这种说法,还说他平时都在努力地去获取他人的喜爱。我能感觉到,他分享的东西越来越多,我们的合作关系也越来越近。

不过,詹姆斯经常迟到。我常常会提前二十分钟收到他的短信,说他会迟到,甚至说他很抱歉,但他真的来不了了。更有意思的是,他偶尔会发短信让我提醒他治疗开始的时间。这件事是最令我惊讶的,因为我坚信自己的"3r"治疗法则:重复性(rhythm),规律性(regularity)和可靠性(reliability),也就是说,每次治疗都要安排在每周的同一天、同一时间。所以我感到十分奇怪,他怎么就总是会忘记呢?

精神分析心理治疗师会密切关注我们与患者之间建立的关系:我们会试着去注意患者在我们内心激起的各种情绪,比如,对于患者,我们有没有好感?有没有无力感?有没有一股冲劲?我们之所以会去注意自己的这些感受,是因为这些感受有时可以是颇有用处的线索,可以帮助我们了解患者的内心世界、了解他们下意识中构建人际关系的方式。

我发现詹姆斯对待我有两种态度。有时他会让我觉得自己是个可以让他真正信任的、非常好的心理治疗师。在这些时候,他会让我知道我对他来说很特别,我的治疗对他来说很重要。但在其他时候,他让我觉得与他真正关心的事情相比,我是次要的,他对我毫无感情,对我们共同参与的治疗工作毫无投入,并且可以随时把治疗的事抛诸脑后。换句话说,他这个人反复无常,我十分怀疑这就是他对待生活中许多人的方式,尤其是那些和他有关系的女人。渐渐地,他开始讲起更多他与另外两个女人多米尼克和玛茜的事情。他和她们在一起已经快两年了,他承认这是自己情感模式中的重要一环,因为他总是得同时拥有两段关系。然而，与这两个女人搞外遇又有些不同，因为她们彼此之间认识，也都知道对方与詹姆斯有染。他吐出这个秘密后，随即陷入了沉默，我静静坐着，脑子里在想他说的这种情况是不是就是"三人行"。这番说辞既让我觉得他是在故意卖关子，也让我意识到，这种秘密生活会给人带来兴奋的感觉。我突然明白，詹姆斯这样点到为止、吊人胃口，表面上是想与我走得更近，而最终只是为了和我保持距离而已。我觉得自己被拒之门外，根本派不上任何用场。看他如何对待我，就知道他是如何吸引女人的。也许这就是他吸引格拉日娜、多米尼克和玛茜的方式？

"詹姆斯，你说你下定决心要对我坦诚相待，但我发现你说话只说一半，与我分享事情也总是遮遮掩掩。我在想，你是不是就是在吊我的胃口？在我看来，你既需要我的帮助，又想通过隐瞒一些事情来把握控制权。你是不是觉得如果什么都跟我说的话，风险太大了？"

詹姆斯坐在那里，拳头攥紧放在膝盖上，维持这个姿势大概三十秒。我没有打扰他，因为他显然在仔细琢磨我的话。我能听到鸟儿在夏日最后的阵痛中向南飞去的声音。最后，詹姆斯张开了他的拳头，简单地说了句：

"好吧。"

在接下来的几次心理治疗中，詹姆斯对我更坦诚了，我也渐渐明白了那句"好吧"到底意味着什么。詹姆斯说，他从来没有和多米尼克或玛茜发生过性关系，但他们三个人一起参加过多人的性爱派对，并且在互相注视的情况下与其他人发生了性关系。他觉得这种聚会既刺激又恼人。他经常担心自己"表演"不好，但等他"表演"完毕，他又会兴奋地离开，然后"一整周都感觉良好"。他不想放弃这种生活方式，他也确实很怀疑即使格拉日娜回到伦敦和他住在一起了，他能不能做到就此放弃。

有一天，詹姆斯心情激动地来见我，又开始聊起他那些无眠的夜晚，以及好不容易睡着后出现的梦魇。我让他把能回忆起的都告诉我。一开始他还闪烁其词，说他知道这些梦很可怕、很奇怪，但他却记不起任何细节了。我等了一会儿，然后说道："真的吗，你什么都不记得了？"接着他就开始描述起一个一直困扰着他的、反复在梦中出现的画面。

"公园里有一条长长的小路，一边是树篱，另一边是橡树。我想那应该是摄政公园，我在刚来伦敦住的时候经常在那里跑步。我口渴得很，必须喝点什么东西。我能听到水流在我身边喷涌而出的声音，所以我觉得附近应该有个喷泉，但我却找不到它。于是我朝着水声的方向走啊走，可哪怕我离那个声音近得不能再近了，也还是没看到它的源头在哪里。我开始慌了，因为我就快渴死了。"他停了下来，皱起眉头说道，"后面的情节我就想不起来了，也许后面我就醒了？"

我等了一会儿，看他是否还想说些什么，接着问道："你怎么看？"

一阵沉默。

"做了那个梦之后，我在床上躺了很长时间，睡不着。这个梦让我很不舒服，我一直无法将它从我的脑海之中抹去。"他又停顿了一下，我们一同陷入了沉默。接着他说道："梦里的那条路非常可怕——在走去喷泉或者别的什么地方的时候，感觉很可怕。"

詹姆斯一开始很不确定要不要和我说这件事情，我问他知不知道这是为什么。这个梦似乎给他造成了很大的困扰，令他十分害怕，但我不得不逼着他说出来。

他说白天和黑夜对他来说完全不同，他不确定要不要让我知道太多事情。"白天我总体上感觉还好，甚至还不错。但到了晚上，尤其是在我睡不着的时候，我觉得……"他搜肠刮肚了一番,"我觉得要是我告诉你,我被一个愚蠢的梦给吓坏了,会显得自己很没用。"

"也许这就是你做那个梦的缘由?"他疑惑地看向我,于是我继续说道,"也许我就是你梦中的那个喷泉?你知道自己需要帮助,却又觉得开口求助令人不齿;梦中的你渴望得到某样东西,却又害怕靠近它。在我看来,这个梦就是你既需要我……或者需要别的什么人,却又害怕这种需求?"

他专注地看着我,接着简单说道:"也许吧。"

到了下一周的治疗时间,詹姆斯迟迟没有现身,也没有通过短信或者电话向我做出解释。于是当晚我给他发了一封电子邮件,说他没来我很难过,还说希望他那边没事。

三天后我才收到他的回信。他在信里说,他很抱歉错过了这次的治疗;他去纽约出差了,现在还没有回来。他还说希望下周再见。我之前说过他真的很需要我的帮助,他是不是在回避这句话呢?在我看来,詹姆斯这种做法其实是在"收回控制权",他想让我明白,那种"他害怕依赖我"的说法太过分了。我可能说到点子上了,但他并不一定喜欢或不一定能接受。

詹姆斯告诉过我一些他的童年往事，不过是在我主动问起时，他才说的。他的父母在他刚出生不久后就离婚了，到詹姆斯五岁时，他们都已经再婚，组建了新的家庭。突然间，他不再是家里唯一的孩子，身边开始围绕着其他同父异母、同母异父或毫无血缘关系的兄弟姐妹。他经常往返于位于旺兹沃思和沃金的父母家，从八岁起，他就在萨福克的寄宿学校上学。他说他觉得学校最有家的感觉，但他从来没有真正对任何地方有过归属感。在有次治疗时他告诉我，他十一岁那年的圣诞节本来是要同母亲和继父一起过的，但就在最后一刻，因为同母异父的小弟弟病重，计划被打乱了。他父亲将他从母亲处接走，在平安夜那天深夜把他带回了父亲家。第二天早上，大家才意识到詹姆斯所有的礼物都被落在了在沃金的母亲家里。就这样，圣诞节当天，礼物、袜子之类的东西他都没有，只能眼巴巴地看着别人拆礼物。

听着这段回忆，我心头一颤，感受到了他传达给我的那种被遗忘、被冷落的痛苦。詹姆斯谈起这段往事时并没有落泪，但他还是伸手拿了张纸巾，慢慢地深呼吸，仿佛在努力控制着自己的情绪。

等他情绪稳定后，我们开始深入聊起为什么他不喜欢那种需要他人的感觉。他告诉我，他连擦地板都是亲力亲为，从来不请保洁，因为他受不了失望的感觉。同样，他也害怕被格拉日娜辜负，一番探讨过后，我觉得也许这就是他要同时至少谈两个女朋友的原因，这样他就可以通过"以量取胜"来保护自己。反正他有这么多备胎，如果格拉日娜没空，他就去找玛茜；如果玛茜对他冷淡，他还有多米尼克。这样，他就再也不怕失望了——只要吊着这些女人，就再也不会有失望了。

治疗期间，我们还一同探讨了詹姆斯沉迷性爱派对的原因。玛茜和多米尼克身上到底有什么迷人的地方？这一点令我们困惑不已，但在接下来的治疗中，他开始说起自己一对同父异母的双胞胎兄弟，还谈到了周末去看他们演出的经历。他说，这对双胞胎非常有才华，他们在小的时候就上过电视节目，而且其中的弟弟还是一名出色的足球运动员。如今这对双胞胎组成了一个民谣二人组，混得风生水起。我在想，在詹姆斯成长的过程中，这对双胞胎取得的成就是不是给他造成了压力，他会不会嫉妒他们，想与他们一比高下？

"我长这么大以来，已经花了很多时间去看他们的比赛和演出了，有时候都有点过于关注他们了，"他笑着承认道,"我试着当个好哥哥,可是没人关心我怎么做,这可真叫我伤心。以前好不容易放学回母亲家过周末,我就得去看丹尼踢足球,或者去听什么愚蠢的颂歌音乐会;去了父亲那边,我又总是得去看莉莉的芭蕾舞表演。这些对一个十几岁的男孩来说,可不是什么好玩的事。"他苦笑着说道。

我对詹姆斯说,他觉得自己童年的大部分时间都是在旁观,这有些不寻常,我还提起了他跟我说过的那个圣诞节,那个眼睁睁看着其他人打开礼物而自己却什么也没有的圣诞节。我想,对詹姆斯来说,一直站在局外旁观是十分令人痛苦的,这样的经历让他觉得自己是被忽视的那个人,是格格不入的那个人。

他看着我说道:"没错,这正是我周末去听音乐会的感受。我的目光在母亲身上,而母亲的目光却死死盯在她其他的孩子身上。"

我们静静地坐了一会儿,接着,我说道:"我很吃惊,因为结合你刚才说的这些话,我发现你在这些性爱派对上也是带着旁观者的眼光的。"

"我想是的。"

后来詹姆斯说,虽然做一名旁观者对他来说很难,但他还是很喜欢在派对上这么做。

"我认为在性爱派对上你是可以控制的,"我说道,"你可以在某种程度上转变观念,把那些痛苦的旁观经历变成令人兴奋的事情,这是一种在面对自己最害怕的事物时,把握主动权的方法。"

他点了点头,问道:"最害怕的事物?"

"是的,比如说害怕被排挤、害怕成为局外人、害怕没有自己的位置……"

害怕被排挤的感觉十分常见。我还记得儿时的自己有多么讨厌被人冷落的感觉,我讨厌落选篮网球队,也讨厌父母在楼下背着我谈心。哪怕现在长大成人了,碰到会后畅谈的尴尬时刻,我还是会提心吊胆,担心没有人会跟我说话,出于这个原因,我很少在会议结束后留在原地,主动去找人说话。我们之所以会害怕自己被排挤,其实是因为我们很早就认识到了自己与父母之间那种一对一的关系其实并不是独一无二的。父母彼此之间,以及父母与其他兄弟姐妹"共度时光";父母对我们"不忠",对别人感兴趣,和别人建立友好关系,这些都太悲惨了,简直就是背叛!我们不是他们心里的第一位。这一点其实是非常令人震惊、痛苦甚至致命的,因为我们在发现这一点时,还处在完全依赖于父母的年纪,我们依赖他们提供的食物,依赖他们提供的住所,依赖他们提供的照顾,甚至依赖他们而生存。对许多人来说,亲密关系会使这些早期的恐惧重现,进而混淆成人时期的依赖和婴儿时期的依赖之间的关系。一旦混淆了这一关系,我们就会产生深刻的恐惧,就会筑起高墙来保护自己,避免任何可能让自己感到脆弱、想依赖他人的情况。

在詹姆斯的例子中,他的做法就是戴上一个隐藏自己脆弱的面具,在这个面具之下,他可以吸引、操纵他的爱人,从而维持一种一切尽在掌握中的错觉。但最可悲的是,他最害怕的事情,他试着去避免的灾难——变得像婴儿般绝望无助——实际上已经发生了。精神分析学家唐纳德·温尼科特创作过不少有关儿童情绪世界的佳作,他曾解释说,发生在婴儿期的创伤性事件是不可能为人所理解与消化的。在生命的那个阶段,婴儿根本没有能力去思考和理解与创伤有关的所有感受。因此,在婴儿期经历过创伤的成年人会把这些未能消化的情绪带到成年期——他们在害怕灾难到来的时候,灾难早就已经发生了。

詹姆斯的创伤似乎是在他父母婚姻破裂时产生的，这种创伤使他从此失去了安全感。过去几个月里，每每聊到他的童年，我都能敏锐地感觉到，仿佛有一个很小的小男孩徘徊于父母之间，而他父母的目光却只在他们自己、他们的新伴侣，以及他们新养育的孩子身上。这个男孩似乎早早就被父母抛诸脑后，他没法应对这些被排斥和抛弃的感觉，于是就在自己的内心建造了一座城堡，保护自己免受痛苦。

这样的理解是否可以给治疗带来转折点呢？一切似乎和以前没什么两样，只是，詹姆斯开始谈起格拉日娜了。这还是我第一次真切地感受到格拉日娜的存在，我也开始看到了詹姆斯对她的用心。

三月份的时候，危机降临了。其实我早就料到，而且现在回头想想，该来的迟早都会来。某个周日的晚上，詹姆斯发短信问我能不能紧急见一面，他等不到周四了，格拉日娜发现了他和玛茜的事，与他分手了。我给他回了短信，表示同意周二见面。

当詹姆斯来的时候，他整个人看起来很崩溃——不再爽朗自信，而是一副脆弱落寞的模样。他立即告诉我，他去巴黎找格拉日娜了。他到那里的时候天色已晚,于是便把手机放在厨房柜台上——就在格拉日娜给他准备晚餐的地方——直奔浴室洗澡了。就在他洗澡的时候,手机响了,格拉日娜拿起他的手机,看到了一条来自玛茜的暗示性信息,明白他们之间已经发生了关系。

这一次,咨询室里的詹姆斯哭了出来。他该怎么办呢?他把一切都搞砸了,一切都没有希望了。他一直想在我的帮助下澄清事实,但现在已经太晚了,他失去了格拉日娜。

两天后,詹姆斯回来进行常规治疗。他穿着一身运动服,说他请了几天假去巴黎看格拉日娜。格拉日娜仍然很生他的气,但他希望能把她追回来。他告诉我他又做了那个梦。场景依旧是公园和喷泉,他想喝水,却找不到水。但这一次,他找到了那座喷泉——一座维多利亚时代的巨大分层喷泉。它又亮又白,看起来十分脆弱,随时可能崩塌。只是,他还是够不到水,他也还是很想喝水。

我问他对那个梦和梦中的喷泉有什么想法,他说那个喷泉其实看起来像是一个巨大的蛋糕。"婚礼蛋糕?"我问道。他使劲地点了点头——是的,就是那样。

今年七月，也就是詹姆斯心理治疗工作开始将近一年后，格拉日娜搬去与詹姆斯同居了。九月份，当我度假回来后，詹姆斯急切地前来告诉我，格拉日娜怀孕了。他的想法发生了一些变化，但我们都知道，我们心理治疗工作还远没有画上句点。

在詹姆斯的婚姻之旅中，他曾拼尽一生去掩饰自身的脆弱，压抑对他人的需求。他处处留情、玩弄女性，都是为了维持一种一切尽在掌握的错觉，都是为了战胜曾经那个他所厌恶的、过于依赖他人的、太脆弱的自己。在治疗过程中，以上这些问题通通暴露了出来。在与自己和解之后，詹姆斯最终渐渐理解并接受了他作为一个普通人，对于爱和安全感的需求。

小红帽在保护披着羊皮的狼

背叛是无法改变的事实：我猜每个成年人都曾被它刺痛。信任总是伴随着背叛的风险——现实中在给予他人信任时，需要了解并接受这一点。不过，接受所爱之人有时会欺骗你或辜负你，并不意味着每一次背叛都是可以原谅的。

皮帕与克劳丁是一对刚结婚不久的伴侣，她们之所以来找我，是因为克劳丁多年来一直患有一种神秘的类似肌痛性脑脊髓炎的怪病，时不时就会病得很厉害。近三年来，克劳丁已经查过了中风、哮喘、多发性硬化和迷路炎等——这些病症或许是导致她时而失衡摔倒、昏厥或筋疲力尽的原因，但仍无法通过各类检查获得任何确定的结论。于是，两人一致认为，克劳丁患上了一种非典型的慢性疲劳综合征，这种病有时也被称为肌痛性脑脊髓炎。

在她们得出这项"诊断"的几个月后,克劳丁的身体渐渐变得大不如前,甚至因此卧床不起。克劳丁没法出去工作,也不能在家帮忙,于是绝望的皮帕坚持要做进一步检查。在全科医生的推荐下,克劳丁又去了几家医院检查,结果还是一无所获。没有一个专家能为克劳丁做出确切的诊断,她身上的一切症状也得不到任何解释。

几个月过去,克劳丁还是病恹恹的,后来皮帕有位好友建议她们去试试一位在巴黎的医生。这位医生开了一家专治慢性、致残性和弥漫性疾病的诊所,似乎正好与克劳丁的症状匹配。虽然治疗费用十分昂贵,但她们只能孤注一掷。

那个时候,皮帕一直是家里的经济来源和主心骨,她不仅要照顾克劳丁,还照顾克劳丁十二岁的女儿米利。皮帕担心得发疯,她害怕克劳丁永远不会好起来,如果诊断不出病因,她担心会发生可怕的事情,甚至担心克劳丁会跌入死亡的深渊。

最终她们凑齐了看病的钱,把米利留给了朋友照顾,双双赶去巴黎。尽管这趟旅程不是为了什么好事,但她们一路上还是十分兴奋。她们以前从未乘坐过欧洲之星高速列车，也已经有好几年没有单独离开家了。到了巴黎，第一次检查，护士采了一些血样和尿样。当天晚些时候出来的结果令她们大惊失色：克劳丁的阿片类药物检测结果非常高。这是一种反常现象吗？是什么意思呢？

接着，两人度过了一个地狱般的夜晚，她们一个泪流满面地指责，一个泪流满面地否认，但第二天早上，在医生面前，克劳丁终于承认她多年来一直在滥用阿片类止痛药。每次用量不定，只有在接受检查时，她才会完全停药。她既没有非典型多发性硬化，也没有其他未知的疾病，她只不过是个瘾君子。在克劳丁戒完毒后的危急时刻，她们找到了我，想要进行心理治疗。

在皮帕心里，这种不诚实的行为就是一种可怕的背叛，她告诉我，克劳丁偷偷滥用药物的行为与婚外情一样不可原谅。皮帕在第一次治疗时承认，她们现在正处于分居的边缘，我忍不住想，有这样的想法真的不怪她。但是分手是想都不能想的，因为克劳丁在面对分手威胁时，总会一言不发，陷入死一般的沉默，把皮帕给吓得半死。

在了解完事情的前因后果之后，伴侣心理治疗师还要在治疗过程中做到不偏不倚，这是相当不容易的，因为在早期的几次治疗中，克劳丁的形象在我心里非常不好，我彻头彻尾地向着皮帕。但渐渐地，真相开始浮出水面，其实这对伴侣早就无意识地串通好了一切。我看得出来，为了避免发生更糟的事情，皮帕对于克劳丁的吸毒行为一直都是睁一只眼闭一只眼。

在她们谈起过去的事情，皮帕痛斥克劳丁的谎言时，我不禁开始怀疑，为什么皮帕会忽视这么多暴露真相的迹象？为什么在银行账户被对方取了钱，还没个合理说法的情况下，她可以就此翻篇？皮帕告诉我，她以为棚屋后面发现的药瓶是附近的小孩从栅栏那边扔过来的——就像克劳丁所说的那样，我对此表示怀疑。皮帕忽视了所有的迹象，这一点越来越明显，至于她为什么要这么做，答案就没那么清楚了。

几周过去，我们谈论的话题无外乎都是毒品和谎言。每次心理治疗都充满了愤怒和羞愧，完全没有给温和的探索留下一丝空间。但在有一次治疗中，我觉得自己越来越摸不透这对伴侣了，于是我坚持让她们稍微停一停，告诉我一些关于她们童年和家庭的事情。

"我不确定克劳丁会不会愿意谈这件事情,你说呢?"皮帕袒护道,"不过如果这么做对治疗有帮助的话,我可以告诉你我的?"皮帕总是这般健谈、乐于合作,而克劳丁却总是沉默寡言。我点了点头,皮帕开始了。

"天哪,我都好多年没想过我的家人了!我偶尔会见我妹妹,但从来没有见过我哥哥或我父亲。我哥哥住在奥曼。我父亲,嗯,他真是个怪人。我觉得他不想见我,我也不想见他。这是相互的!"她笑着总结道。我静静地等着,希望她能再说些什么,但她似乎觉得这就够了,用胳膊肘轻轻推了推克劳丁,让她开口说话。"克劳丁很有故事。她在成长过程中经历了一段艰难的时期。"

克劳丁没有皮帕坦率,但她还是不情不愿地告诉我,她童年时颠沛流离,十二岁才被迪莉娅收养,直到现在还把对方当作母亲。她已经很多年没有见过亲生父母,或听过亲生父母的消息了,但在米利出生时,她与自己的亲生母亲取得了联系。

"我错了。我本以为她年长且有经验,可以当个好外婆。但我现在不想和她有任何瓜葛。"

"克劳丁,你为什么会被送去福利院?你知道原因吗?"我想知道她在小时候吃过什么样的苦。

"有人告诉过我,说我第一次去福利院的时候大概只有一岁。那时我母亲吸食毒品,而且她还没和我父亲分开。"她顿了一顿,双唇紧紧抿了起来。显然,她和皮帕一样只想说这么多了,所以我没有逼她继续说下去。

她们走后,我独自一人走上了楼。外面的天气比我想象中要冷,在接诊下一位患者之前,我得去拿件开衫。等我穿上开襟羊毛衫,走到镜子前时,突然透过旁边的窗户听到楼下街上传来响亮的声音。我向外望去,看到皮帕和克劳丁正站在马路对面一辆破旧的绿色菲亚特旁边。皮帕的音量往上提了提,虽然我听不清她说的是什么,但我能听出她的语气,而且从克劳丁蜷缩、颓废的侧身可以看出,她正在接受一场严肃的训斥。

随着治疗的进行,我开始从皮帕和克劳丁分享的童年点滴中,渐渐搞清楚她们这段紧张而不平衡的关系。显然,克劳丁在许多方面都表现得像个孩子一样。即使是现在,哪怕她声称自己已经戒毒将近半年了,皮帕还是会亲手把早餐端到她的床上。身为自由编辑的克劳丁重新开始接手一些项目,但她在工作上还有些吃力。皮帕见状会介入其中帮忙,克劳丁则会立即让步,任由皮帕插手。克劳丁显然是想要——也许是需要——皮帕照顾她，她无助的样子成功博得了皮帕的关注。滥用药物不但帮助克劳丁缓解了疼痛，还使她陷入了一种无法自立的幼稚状态，她确信皮帕会给自己兜底。

某个周二的早晨，空气寒冷但天空晴朗，那天皮帕是一个人来的。克劳丁似乎是赖床不愿来参加治疗。我本就对克劳丁感到十分恼火，当我听说在皮帕千方百计叫她起床，给她准备早餐，把米利送到学校，然后又回家给她端咖啡都无济于事时，我更是火冒三丈。克劳丁就是不起床。

"你觉不觉得她是在那个？"我问道。

"我不觉得，不，她不会那样做的，我相信她不会的。"皮帕摇摇头道。我们沉默了一会儿，看来她听懂了我的问题。

"你为什么这么说？"她埋怨道。

"好吧，我应该这么问——你为什么没有往这方面想呢？"

"我想你不明白发生了什么事。克劳丁现在是不可能吸毒的，她知道这么做会伤透我的心。"

我静静坐着，我明白她必须要亲自去打消心底的疑虑。

"我不知道。我不知道该说什么。你想让我说什么？"她生气地说道。

"我不是想让你说什么，皮帕，可我发现你好像很难承认，甚至不允许自己对克劳丁有失望或愤怒的情绪。你倒是很容易把矛头指向我。我想知道这是为什么？"

"她很努力了，你好像并不知道戒毒这件事对她来说有多难。"

"我知道这对她来说很难。我的问题是，你怎么就看不到你自己从过去到现在有多难？"

她低下了头，我们就这样静静地坐着。我看着她，心想她看起来怎么如此疲惫、如此悲伤。她那头灰白的头发向后梳成马尾，交叉放在膝上的双手看上去又红又痛，手指甲都嵌进了肉里。

"皮帕，你从没跟我说过你的童年和家庭。"

"我的童年和家庭？我告诉过你的。"

"那不算，不是你自己眼里的。"

她叹了口气，耸了耸肩道："嗯，如果按你想的那样来说，我的童年过得并不好。我父亲过去是，现在也是，一个彻头彻尾的失败者。我跟你说过我母亲在我十二岁那年去世了吗？我一直在想，她可能是个酒鬼，不过，老实说，嫁给了他，我不怪她……"

这一过程虽然花了些时间，但让我看到了一幅生动的童年画面：作为四个孩子中最大的一个，皮帕总是习惯性地担当"小妈妈"的角色。她父亲虽然收入稳定，言谈举止却不像个成年人：他生性有趣，爱开玩笑，但总是来来去去，不见人影，不像是个有担当的人。

"那你母亲呢？"我问道。

"我曾经很爱我妈妈，"皮帕简单地说道，"她是个很有意思的人，不过有时候她很吓人。"

"吓人？"

"对。她会……嗯，情绪失控，然后，你就会想着去让着她。"

"我想知道，你是不是花了很多时间来稳定她的情绪？"皮帕不解地看着我。"比如你会去管事，去照顾她、安慰她？"我暗示道。

皮帕点了点头。"是的，没错，完全正确。为了让她保持冷静的情绪，我什么都愿意做。我记得有一次她对厨房里的蚂蚁大发雷霆。她跳上跳下，还把沸水弄得到处都是。"皮帕笑着说道。

"这事听起来可不太好玩，更多的是可怕。"我苦笑着说道。

"嗯，真的。我弟弟还被烫伤了。我跟救护人员说那是我……用沸水弄的。"她耸了耸肩。

治疗继续进行，皮帕告诉我，她的母亲是死于突然的血液中毒。她手臂剧痛难忍，去看医生，却被告知只是肌肉拉伤，三天后因败血症死在了医院里。从那以后，十二岁的皮帕就成了家里的"小妈妈"。父亲留她一个人照顾弟弟妹妹，她就这样变成了一个保护自己"一大家子"的小战士、小妈妈。

"当你跟救护人员说是你烫伤了弟弟的时候，我想你是想保护你的母亲吧。也许你是想让她在你的脑海里成为一个'好'妈妈。我觉得你对克劳丁也是这样。你试着保护她，试着让她在你的脑海里一直是一个'好'妻子。"

"她很好，苏珊娜。她只是……"她想找个词来形容，"受过伤害。"

皮帕是不是在重走两人的童年老路，从而陷入了一种熟悉的、已知的行为模式？我还从没听说过有强迫性重复这个概念，即人们会因为熟悉某事而不断重复，但这个理论用在这里非常合适。自然选择肯定会让我们失去这种习惯吧？可我做过了所有的研究后认识到，人们好像确实会选择那些在某种程度上与自己有相似的童年经历的人为伴侣。为什么会这样呢？为什么皮帕会选择克劳丁——一个虽然在很多方面都很可爱，却和皮帕母亲一样要求皮帕做出奉献、给予关注的人？皮帕不应该跑得远远的吗？皮帕应该找个人来照顾她自己吧？

这次治疗结束后不久，我设法找了一位热心同事来帮我一起做克劳丁的工作。我们一直在劝说克劳丁自己也来接受一些治疗，现在看来她已经准备好了。她开始每周去看两次心理医生，但没过多久情况就发生了变化。

"我觉得这些治疗对我没有实质性的帮助，我想我们都不用再来了。"秋日的某天，当我们刚开始治疗时，克劳丁突然宣布道。

还在扭身脱着蓝色牛仔夹克的皮帕一脸震惊道："你没跟我说这件事啊，你不能擅自做决定！我不想就这样不来了，克劳丁。"

"好吧，那你继续和苏珊娜在一起吧，我就不来了。我现在有自己的心理医生了。"

"是不是一周三个疗程让你感觉有点紧张，克劳丁？"我温和地问道。面对她鲁莽而专横的决定，我抑制住了心底那一丝愤怒。

克劳丁还没来得及回答，皮帕就接过我的话头，与克劳丁重归于好："亲爱的，如果你觉得太过了，我们可以停下来。对不起，我不想让你感受到来自我的压力。你要处理的事情太多了。"

"你为什么不想自己来做心理治疗呢？"克劳丁问道。

皮帕歪着头看了看我，又回头看了看克劳丁，似是在考虑这个问题。"我不想这样。为什么要自己来？也许我们应该就此停止心理治疗，或者就稍微停停？"说完她又看了我一眼，想看看我的反应。

"意思是你们之间的关系没问题了吗？或者说，这些问题其实只是克劳丁的问题？"

皮帕有些没劲地点了点头。

"克劳丁，我们之前讨论过，皮帕一直是你的母亲替代品，但现在你开始自己去看心理治疗师了，你是不是已经受够了被他人照顾的感觉？你来找我，是不是只是因为一个妈妈就已经够多的了？"

克劳丁笑了，点了点头，道："可能是吧。你知道的，我只是不想总是成为他人关注的焦点。"

在后来的谈话中，我们一起探讨了成为家庭中的焦点人物以及成为心理治疗中的焦点人物分别意味着什么。克劳丁承认她喜欢皮帕照顾她的样子，但她不喜欢皮帕不把她当回事的样子。她抱怨皮帕对她颐指气使，接着她们就产生了争执，开始争夺女儿各项事务的决定权。我仔细地听着，回忆着我先前曾在窗外目睹的情景：克劳丁似乎已经开始认识到，在这段关系之中，扮演孩子的角色既能获取好处，也要付出代价。

最后我表示，虽然表面看来，解决克劳丁的问题就能解决她们的问题，但我认为她们这段关系之中还有一些重要的东西迫切需要解决。

"不光是我，我的心理医生也认为皮帕有很多问题。感觉总是只有我一个人在做出改变。你呢，皮帕？"克劳丁瞪着我说道。

"你觉得是我把你变成你们两人之间的问题的？而不是皮帕？"我问道。

"嗯，对，差不多是的。我知道你现在肯定会说是我们共同的问题，但其实你从来没有这么觉得，我也没见过你这么做过。"克劳丁直截了当地说。

克劳丁的话也许有几分道理，这一点我不得不接受。其实我并不喜欢她，或者更确切地说，我一点也不欣赏她。我知道这是不对的、不公平的,但我真的难以控制自己。她看上去是如此傲慢和自私,而皮帕虽然在某些方面有些逃避,却更容易讨人喜欢。

那次治疗最后草草结束,皮帕和克劳丁的意思是下周再来深入讨论这个问题。我感到十分恼火,这怒火过去是对克劳丁一人,现在却是对她们两人。我感觉她们完全不把心理治疗,也不把我放在眼里了,一切都会回到原点,她们不想做出任何实质性的改变了。看到皮帕一下子被打回原形,开始否认自己的需求,转而保护克劳丁这个看上去被宠坏的、自私的孩子,我实在是震惊不已。

两天后,我收到了皮帕发来的一封电子邮件:

亲爱的苏珊娜:

  我希望你一切都好。我给你写这封信是想告诉你我们决定要暂停心理治疗了。我觉得你的话对克劳丁来说太过分了,所以我觉得我们现在该停一停。非常感谢你在我们这么困难的时候给予我们帮助,我们真的万分感激。

皮帕

为什么有些伴侣历尽艰辛还坚持继续接受治疗，而有些则会半途而废不了了之？后来我明白了，我可能是太关注克劳丁、太在意她身上的问题了，所以才会无意识地把她当作"生病"的病人，把皮帕当作深受其害的一方。克劳丁很好面子，这一点我可以理解，可为什么皮帕也决定要放弃治疗呢？是不是她的思想发生了转变？是不是因为再继续治疗下去，就会让人看出她们是在串通一气，而她们并不希望这样？虽然照顾克劳丁的负担很重，但皮帕现在是成年人了，她已经生出了一颗强大的心脏，可以做到安然自若了。虽然她暂时无法满足自己的需求，但她可以当个充满爱心的妈妈，让自己不再像儿时那般脆弱，尽管有时她的控制欲会有些强，甚至会变得有些专横。

在思考这个问题的时候，我不禁想起自己上周末与一位住在市里的朋友在伦敦郊外散步的情景。这位朋友是那种容易紧张的人，当我们一边聊天，一边走到一片满是奶牛的田野上时，她表现得十分抗拒，因为她讨厌奶牛，也害怕奶牛，她还告诉我，出于繁殖上的原因，如今的奶牛比过去的奶牛要危险得多。她说，这些奶牛并非生性温顺、长着一双鹿眼、脖子上挂着迷人铃铛的小雏菊，而是一群焦虑不安、难以捉摸的野兽，我们必须换条路走。可前面没有别的路可走了，我们要么穿过这片田野，要么就原路返回，放弃前方等待着我们的美味酒馆午餐。虽然我并不是什么大英雄——我既没有勇敢的心态，也没有健壮的体格——但听到朋友在我耳边焦急的恳求声，我顿时感觉自己充满了力量，变得坚定起来。我打起精神，用颇具威严的语气安慰了她一番，随后我们快步穿过田野，走到了道路的另一边。那一刻，我扬扬得意，感觉自己无所畏惧：我自己所有的焦虑都消失了，这些感觉全都被我投射到了她的身上。

皮帕也是如此，克劳丁身上体现的正是皮帕自己脆弱的一面，她就像照顾一个无助的小婴儿一样照顾着爱人，而实际上她也在以这种方式间接照顾着自己。虽然我们已经揭开了克劳丁染上毒品的潜在原因，但这还不够，我还开始探究皮帕在爱人的欺骗之中所发挥的作用，我仍然想知道，克劳丁的谎言究竟能不能得到宽恕？如果能的话，怎样才能做出真正的宽恕呢？克劳丁任由皮帕为她操心，替她预约医生，而不顾自己给对方所造成的痛苦和焦虑。她一边看着皮帕辛苦养家，努力照顾好所有人，一边又在偷偷地吸毒。而且，在她接受治疗的那段时间里，她全程没有真正说过一句对不起。

心理治疗师接受的训练要求我们不能持有任何道德上的立场：即使面对极为严重的不道德行为，我们也需要保持好奇的心理和开放的心态。这并不是说精神分析疗法是不道德的，事实上，精神分析的目的是帮助患者直面其劣性，且及时为所造成的伤害承担责任。我没能帮助克劳丁面对她所造成的伤害，也没能帮助皮帕期待克劳丁做出悔改。直觉告诉我，皮帕会不计后果地尽她最大的努力留住克劳丁，但她们最终并不会变得更加亲密，也不会相互信任。

伴侣如何得以从巨大的背叛之中恢复过来？这可能吗？这么做明智吗？首先最重要的一点是，人们得先认识到背叛的存在，得对背叛行为抱有悔恨的感觉。要道歉，就真心实意地多道几次歉。我见过有些背叛者在丑事败露、谎言揭穿之后依旧死不承认的。这些人无法面对，也不会承认自己所犯下的错误，因此，他们的爱人只会旧伤未愈又添新伤，不但要承受被背叛的失望，还要经历对方拒不认账的痛苦。在这样的情况下，背叛所带来的伤害是无法愈合的，伴侣之间的信任感也无法得到恢复。恢复信任是需要时间的：受害方通常需要数月或数年的愉快相处，才能逐渐消除内心的怀疑和不安。他们得打心底里相信：背叛的事情已经是过去式了，或者说，就那一次了，不会再发生第二次。良好的性生活对于恢复信任感也有帮助，因为许多外遇发生的原因就是性生活不和。最后，我还注意到，在背叛行为发生之后，处理得最好的伴侣往往是那些能够一起探讨"为什么"的伴侣。这些伴侣能够一同接受发生背叛行为的根本原因，他们不会一上来就口是心非，而是首先承认双方的关系本就处于不稳定的状态，并且能够认识到背叛行为正是这段关系中的各种问题所带来的症状。

第三部分

骨肉

走吧,人间的孩子!
去往那滨河旷野之地,
与仙子手拉着手,
这世上哭声太多,你不懂的。

——叶芝(W. B. Yeats)《被偷走的孩子》("The Stolen Child")
《奥辛的漫游及其他诗作》(*The Wanderings of Oisin and Other Poems*)

初生的骨肉总是血迹斑斑——就像家庭生活也是如此。童话故事落下帷幕，家庭生活便缓缓开启。许多伴侣会过上幸福的生活，但他们不会永远幸福地生活下去。"永恒"的幸福是不可能的。

怀孕生子是伴侣之间最为常见的问题。伴侣们想要孩子、需要孩子，可要抚养孩子长大成人，这个过程又太煎熬、太漫长了。养育孩子是伴侣生活中最具挑战性的一部分，因为要成为称职的父母，就意味着要做出牺牲；意味着要做出让步，让他人进入自己的生活。也就是说，我们要找回婴儿时期和童年时期的那个自己，不然我们怎么能知道自己的孩子有何感受、有何需要呢？

那家呢？家是我们的根基，是我们的来处，也是我们的归途。家连接着我们的过去和现在，影响着我们的未来。家是这么一个地方，在那里，我们可以试着重新审视过去，疗愈自身的伤痛，弥补祖辈所经历过的所有痛苦和挣扎。正因如此，我们才需要让家庭兴旺。

召唤宝宝的比娜和夏皮罗

比娜每每来信向我求诊，措辞总是十分礼貌客气。信件往来之间，她已成功给我留下了体贴入微、毕恭毕敬的印象。得知我现在尚无空档，她表示非常理解，似乎十分乐意等待；每次给我发邮件，她总会在结尾来一句真诚地祝福你，比娜♥。比娜表现得似乎有些过分热情了，但不管怎样，我还是很期待见到她和她的丈夫夏皮罗的。

不久后，这对迷人的夫妇便来到了我的咨询室。他们衣着考究、谈吐得体，在我示意他们进来时，还热情地回以微笑。接着我请他们讲讲来这里的原因，他们又现出笑容，互相商量着让谁先说。

"问得好，"夏皮罗指着我赞许道，"简而言之，我认为我们需要解决三点问题。"他看向比娜，比娜点了点头以示同意。"第一，"他竖起大拇指，"我们打算用什么方法以及在什么时候要孩子？第二，"他竖起食指，"我们什么时候来专门讨论有关孩子的事务？我们怎样才能达成一致意见？第三，一旦我们有了孩子，我们如何在经济与家务之间达成平衡？换句话说，苏珊娜，我们需要你帮我们把当前这段情感关系升级到'2.0版本'，而且要速战速决。我们没有太高的要求，为了解决这些问题，我们自己已经做出了一定的努力，现在只需要你为我们指明正确的方向。对吧，亲爱的？"夏皮罗停下来问了问比娜，比娜再次微笑着点点头。夏皮罗穿着一身整洁的灰色西装，顶着一头斑白的头发，他说完话便顺势靠到了椅背上，等着我给他们献上妙计。

我一般不会陷入无语的境地，但我不得不承认，夏皮罗成功把我给说哑了。我心里闷闷的，不知道他在谈什么。我能感受到他们希望尽快找到解决办法的强烈愿望，可我心知自己爱莫能助。

"你的意思好像是，你们来见我都是一个目的，而且我没听错的话，你还有点想要开启人生新阶段的意思？你们是想要孩子吗？"

他们都点了点头。

"能说说你们之间最近发生了什么事吗？你们吵过架

吗？有分歧吗？这是不是你们决定来见我的原因？"

他们又对视一眼，犹豫着该由谁来回答我的问题。我突然有一种奇怪的感觉，仿佛自己置身于一个会议室之中，他们两位是台上的发言人，而我只是一个台下提问的观众。

"我觉得，我们来找你是因为你名气大。我们认真做了功课，在这期间你的名字总出现在我们眼前。我们先是去找了另一位心理治疗师，但她那边已经约满了，所以我们才来找你的。"夏皮罗微笑着看着我，仿佛是在祝贺我成功"上位"。"我们可不想在这里浪费时间，就是希望能把事情都理清楚，再达成某些一致意见……你没问题吧？"

我有些头痛。夏皮罗这番话似是在一边恭维我，一边把我往他想要的方向推，实在是难以捉摸，叫我不知该如何应对。我一声没吭，我看得出来，比娜开始觉得那句话有些令人不适了。她紧张地看了看我，又看了看夏皮罗，像是怕出什么问题。

"比娜，你们在这段关系中是不是难以去'协商'一些事情？"我对她直言道。

比娜一开始还有点犹豫，但她最后还是开口了。她慢吞吞地解释说，夏皮罗想要孩子，但她不确定对她来说现在是不是生孩子的合适时机。她最近才成功跳槽、升职加薪，而且现在正在准备一笔大收购，需要在休假前完成这笔交易，所以她觉得自己在明年三月之前都不能怀孕。

"亲爱的，我告诉过你，明年三月不行的。那时我们就要开纽约的办事处了，我没空的。如果我们现在就开始备孕，那我就方便多了，所以我希望你能在圣诞节前搞定那笔交易。这样的话，孩子五月份就能生下来，我就能让纽约那边的办事处运转起来，你暑期也就能休息了。"

我听得瞠目结舌。比娜和夏皮罗似乎都有一种错觉，认为生孩子就跟煮鸡蛋似的，可以精确计时。

"看来在考虑要孩子这件事时，你们还面临着许多困难和挑战。我在想，你们现在做此安排，是不是为了减少生育计划中的不确定因素？"

他们迷茫地看着我。比娜回答说："我们还没开始试呢。但我去年意外怀孕过，所以我们知道想怀是可以怀上的。"

"是的，完全没有问题！"夏皮罗高兴地说道。

"你终止了妊娠？"我轻声问道。

"是的，挺难办的，但那是在正确的时间做出的正确决定。"夏皮罗说完再没有进一步解释。

怀孕不是都那么简单的，可两人好像都没有认真思考过这个问题，所以在接下来的心理治疗中，我试着去理解他们对怀孕这件事的强烈关注，同时也给予了他们一些私人空间，好让两人针对如今的备孕计划与去年的堕胎经历，找到自身的真实感受。这个过程就像是在推石头上坡，吃力不讨好，我能感觉到，夏皮罗觉得我的问题既刁钻又烦人。他想让我参与到他们两人的"协商"之中，而且他觉得根本没必要再探讨他们过去的经历或他们对于过去经历的感受。治疗结束，我想让他们去思考、去感受的所有努力通通都被拒之门外。我想他们不会再来了。我觉得自己在他们心里的地位，已经从第二好的心理治疗师变成了第一差的心理治疗师——喜剧变成了悲剧。

但第二天早上我收到了以下邮件：

你好，苏珊娜。

我们对昨天的治疗很满意，还想再来五次。只是有个问题，下周我在美国，下下周夏皮罗在巴黎，所以我们想三周后再开始治疗。还有，我们可以把见面时间从下午五点改到五点半吗？最后，要是预订五个疗程的话，能打个折吗？

很高兴在你的帮助下进行心理治疗。

比娜 ♥

我坚定而礼貌地回复说，时间不能改到下午五点半，疗程数量和折扣等事宜也不在我的工作范围内，但我可以先为他们预留两个疗程。我在脑中想象着这对夫妇的形象，不禁感到十分好奇。显然，他们真的很喜欢那种板上钉钉、掌控一切的感觉。他们能接受我的治疗方式吗？我对此表示怀疑。不过，我能不能帮他们变得少一点轻举妄动，多一点深思熟虑呢？

三周后，比娜和夏皮罗回来了。他们满面春风地走进来，夏皮罗伸出手来握手致意，我简单同他握了握手，然后等待他们在沙发上落座。比娜打扮得干净利落：她那身深棕色的皮肤细腻有光泽，一头乌黑油亮的头发闪闪发光，仿佛刚在理发店打理过似的。她身材苗条，凹凸有致，双手也是经过了精心护理，涂上了甲油，两只无名指上还各自装饰着一枚钻石戒指。

他们满脸期待地看着我，好像我下一秒就会拿出一袋道具来变魔术似的，但随着治疗的继续，我们好像有些聊不下去了——我尝试的每一条道路都是不可行的，我提出的每一个想法也都是不正确的。他们在第一次治疗中所表现出的温柔、礼貌似乎全都消失不见了。最后我说道："你们需要我的帮助……或者说实在的，你们需要他人的帮助，这种感觉可能并不好受。我猜你们已经习惯了关起门来处理事情，习惯了那套老办法，把问题一个个列出来，然后一齐解决。但感情这个东西是不是不一样？它需要的是一种全然不同的方法，就是要去谈论你们平时不会谈论的事情，感受你们通常不允许自己感受的事情……"

没等我说完，夏皮罗就打断了我："我想你是对的，苏珊娜。也许我们确实需要就这个问题再深入研究一下。"

我试着去忽略他这番套话——或许夏皮罗是在以他自己的方式向我承认，他们的确是阻碍了我们的探索之路。紧接着，我发现比娜的脸上悄然滑过几滴泪水。

夏皮罗探过身去，伸手够到纸巾盒，然后朝比娜的方向挥了挥让她拿。可比娜依然沉浸在自己的思绪之中，并没有注意到他。夏皮罗只好把纸巾摇摇晃晃地放到比娜身旁的沙发上。他整个人都显得局促不安。我们静静地等待着。

"对不起，对不起，"比娜一面说着，一面拿起纸巾擤了擤鼻子，"我不知道我为什么哭。我只是觉得因为有时候……"她停顿了一下，专注地看着夏皮罗，"……有时候，好像没有一点希望。"

"没有一点希望？"我问道。

"我只是不知道怎样才能让夏皮罗高兴。他似乎对每件事都很有把握，可我不这么认为。我想要个孩子……我觉得，但我不确定自己能不能兼顾家庭和工作。我母亲是不工作的，而且她总是一副筋疲力尽的样子。家里也有很多人帮忙。我真不知道该怎么去应付这一切。"

"我们会有人帮忙的，小比[1]，我们当然会有人帮忙的。如果你愿意，我们可以请两个保姆。帮手不是问题，我知道你的事业是最重要的，别担心。"夏皮罗试着安慰她道。

随后，比娜开始详细谈论起她的职业，以及这份职

---

1. 夏皮罗对比娜的爱称。

业对她的意义。虽然十七岁就早早辍学,但她现在事业有成、干劲满满。就像比娜自己所描述的那样,我感觉她的整个生活都以工作为中心。她说她曾摸爬滚打、年复一年地去努力证明自己,而现在她明白了,她非常擅长这份工作。

我开始思考这样两个问题:比娜和夏皮罗是不是在各自发展的不同阶段找到了自我?这是不是意味着他们的关系将变得岌岌可危?他们两人的心态似乎完全一致:努力工作和努力工作所带来的成就是最为重要的。他们显然是在事业上投入了非常多的时间和精力,所以比娜才会在意这份投入是否会受到威胁。另外,夏皮罗似乎把"造娃项目"当作一种工作上的挑战,所以他才会不顾比娜的情况而勇往直前。我认为他们谈话间明显是牛头不对马嘴,所以双方对于未来的共同愿景才会像现在这样开始土崩瓦解。

发展上的差异是伴侣心理治疗的常见病因,一方性情大变,另一方往往会感到极度费解。如果一方的兴趣、观点和需求突然改变,双方的关系也会随之面临挑战。造成发展不平衡的原因有无数个,但备孕和怀孕往往是其中最大的一项考验。怀孕、分娩、哺乳以及为人父母这一事实会引发身体、心理和生活上的三重变化，这些变化可能会使双方的需求和期望出现差异，从而使伴侣之间产生分歧。

离开时，夏皮罗一脸苦闷，看上去一点就着。我最后抛出了一句话，质疑他们想要的东西是不是完全不同。我有一种明显的感觉：夏皮罗根本没有意识到这一点。我喜欢夏皮罗这个人，可是，虽然他自认为给了比娜想要的一切，自认为在安慰比娜一切都会好起来，但我觉得他并没有真正听出比娜的心声。

夏皮罗和比娜依旧准时来参加治疗，但准时归准时，治疗还是毫无进展。有时我感觉渐入佳境，觉得自己成功和比娜建立了情感上的联系，但当我想更进一步时，她就会想办法摆脱我。我渐渐明白了，任何一种亲密关系的建立都是带有挑战性的，每当我觉得她容易接近了的时候，她就会突然开始变得毫不客气、蛮横无理。

一般来说，我会在前两次治疗中请患者告诉我一些他们的童年经历。可是，这些童年经历通常需要几个月甚至几年的时间，才能在我的脑海中形成一个真实的画面，因为患者需要一个渐进的过程来回忆起更多事情，给予我更多信任，以及慢慢地面对他们过往经历与当前困境之间的联系。比娜和夏皮罗也是如此。我请他们告诉我他们早年的家庭生活,他们当然照办了,但奇怪的是,我发现自己记不起他们告诉我的任何细节。当我回头看自己的笔记时,我发现笔记内容也很模糊。而且反常的是,这些笔记是我用铅笔草草写下来的,而不是用打字机打出来的,所以我的笔迹也是模糊不清,乱七八糟。我知道他们告诉过我,他们都与婚姻美满的父母一起度过了幸福的童年。我也知道他们都有兄弟姐妹,但不确定具体有几个。我还知道他们都上过寄宿学校,但没有记下他们当时是几岁。总而言之,虽然见了有六次面了,我还是感觉自己一点也不了解他们。这是我的错吗?难道是我没注意吗?还是说,这说明他们与自己、与彼此乃至与我之间都缺乏联系?他们每天都过得很充实,但感觉不到一丝色彩。那些褪色的铅笔笔记仿佛就象征着他们生活的模糊和空虚。

的确,从他们与我相处的方式,以及我为他们所提供的帮助中,我意识到了一些重要的东西。我能感觉到他们很讨厌我的治疗方式。我认为我们需要保持开放和探索的心态,而不是怀着某个具体的目标或者目的,可这一套理念却令他们感到不适。这与他们以往习惯的方式不一样——既没有谈话议程，也没有行动方案。我看得出来，他们有点失望，又有点困惑。我想知道，究竟是什么样的童年经历，才导致他们的思维僵化得可怕？就好像是他们接受的教育不许他们信任情感世界，也不鼓励他们认真对待自己的感情似的。正因如此，他们在情感上与我保持着距离，与彼此保持着距离，甚至与他们自己也保持着距离。随着治疗的进行，虽然他们没有直说，我也知道他们对于我的治疗方法越来越不信任了。他们想要摆脱我，摆脱对我的需要。

到了第六个疗程，我很好奇接下来会发生什么。我越来越觉得，他们会按照原计划只进行六次治疗，尽管我认为六次是远远不够的。夏皮罗和比娜通常都非常准时，所以当分针在时钟上一点点滑过时，我的心也跟着悬了起来，当指针指向十点时，我确信他们不会来了。我坐在那里，心里十分失望：要让他们真正参与其中实在是太难了，因为他们总是拒绝向我敞开心扉，但我还是觉得他们很亲切，还是觉得我们可以一起进行一些有用的治疗。可是，我也能强烈地感觉到，这几次的治疗让他们觉得很不舒服，所以他们就此退出也就不足为奇了。但奇怪的是，他们并没有写信告知我，毕竟他们之前总是一副彬彬有礼、做事井井有条的样子。是有什么误会吗？他们是不是以为所有的疗程都完成了，所以才停止了治疗？也许他们不知道这周是第六个疗程呢？我一边开始写电子邮件，一边思索着上述这些问题。恰在此时，响亮的铃声突然将我从幻想拉回现实。

几秒钟后，夏皮罗走了进来。"就我一个人，你不介意吧？"他边说边脱下外套，"我想小比不会来了。我前几次都是在那条路的尽头等她，她从没迟到过。我给她打过电话了……也发了短信。"他一边焦急地看着自己的手机，一边解释道。

"你刚才是在等她吗？"我问道。

"嗯，我不确定具体原因，她明天有一个重要的报告，所以她可能是被工作给绊住了。而且说实话，她也不是很喜欢来。她说没必要来参加最后一次心理治疗，什么都不会变的。"他耸了耸肩，又看了看手机。接着手机响了起来，来了一条信息。"她说她不来了，"他抬起头说道，"那我是不是也该走了？没有她，我待在这里也没什么意义，对吧？"这句话吸引了我的注意，我觉得他的意思是说，他并不是真的想走，而是想留下来谈谈。

"你是不是有事情想单独和我谈谈？"我问道。

听了这话，夏皮罗向后靠在沙发上，好让自己更舒服一些。"我确实想问你点事情。"他说道。

我耐心地等待着，看着他脸上闪过了一道不确定的表情。过了一会儿，客套几句之后，他开始聊起他过去的情感经历。他提醒我说，他比比娜大了整整九岁，比娜以前从未认真谈过恋爱，而他之前结过婚。他担心历史会以相反的方式重演。见我一脸疑惑，他解释说，他先前之所以离婚，就是因为前妻想要孩子，而他不想要，两人还为此争吵了数月。后来，在他很不情愿的情况下，前妻怀孕了。一开始他还气恼了一段时间，但等他刚刚接受现实，也就是在孩子十三周大的时候，前妻流产了。从那以后，他们之间的一切好像都不对劲了，所以他们最后决定分道扬镳。女方现在嫁给了他的一个老同学，有了很多孩子。他还开玩笑说，她是想生一个橄榄球队吧。他想笑，但当他讲出这件事时的表情却是一脸遗憾。我们沉默着坐了一会儿，我很难过，也很抱歉之前没有帮他重提这件旧事。这是我第一次看到他身上那种更真实、更脆弱的东西。因为比娜不在场，所以说出这件事就没那么危险？因为是最后一次治疗了，所以更容易敞开心扉？

"这件事显然非常重要，可我们之前都没有讨论过，这也太奇怪了。比娜知道这件事吗?"我问道。

"是的,她知道,她肯定知道。我是说,我们之前讨论过,刚开始的时候我们都不喜欢孩子。但是后来,嗯,我们都改变了主意……或者说,我本来认为我们都改变了主意。"他慢慢地说了下去,表情看起来很沮丧,"你觉得我应该放弃吗?我是说要孩子的事。我不希望我们因此而分手。我想我可能把小比逼得太紧了,是时候悬崖勒马了,对吗?"

"夏皮罗,那你要怎么解决自己内心真正想要孩子的愿望呢?"我问道。

他显得有些犹豫。

"夏皮罗,我确实注意到了,而且我以前也跟你说过,你好像真的不喜欢没有把握的事情。你总是急于做出决定,采取行动,而且当你做出决定的时候……可能自己都还没想好?"

他点点头表示同意,接着就开始聊起他的工作,以及他行事莽撞的急性子带来的一些麻烦。他开始意识到,作为一名老板,有时候最好是什么都不做。

"我手底下有个员工,他现在在负责我们的一个大型信息技术项目。他每天至少要来办公室找我一次,来了也只是一个劲地说这个东西坏了,那个东西出问题了,或者打个小报告,说谁谁谁工作没做好,再或者……嗯,他的问题一个接一个,真的很让我头疼。每次我都拼了命地去解决这些问题,可是到了第二天,砰!它们都被处理好了,都解决了,但都不是按照我建议他的方式。我最近这几周算是想通了——他不需要我做任何事情,不需要我为他解决问题,他只需要我……听着。"

"或许,你也是这样的,你只是在告诉我你需要从我这里得到什么,从这个治疗中得到什么?你想要的不是解决方案,而是一个能够让你理清自己想法和感受的地方……而我听着就好?"

我这番话似乎让他醍醐灌顶,因为在接下来的治疗时间中,他简直口若悬河,说他终于可以好好探讨他与比娜这段关系中的所有烦恼和担忧了。当治疗接近尾声时,我向他提出了建议,说他们需要更多的时间来一起探索所有这些事情,治疗应该继续下去。

"我是很想继续的,苏珊娜,但我不确定我能不能说服小比。"

"好吧,我会写信建议她这么做的。我希望下周能见到你们,除非情况有变。"夏皮罗点了点头,表情却有点怀疑。

对于他们下周会不会回来这件事情，我并不是很有信心。我得出的结论是，他们不愿意接受更深层次的心理治疗，这是因为他们太焦虑了，他们害怕揭开自己的伤痛，害怕由此产生的脆弱感，但我希望我和夏皮罗的谈话能减少他的焦虑，激起他的探索欲，好让他能说服比娜回来继续治疗。

我错了。

我收到了一封来自比娜的邮件，这封邮件十分简短，信中比娜向我表示了感谢，还说他们认为再进行一次治疗不会有什么用。这次的邮件结尾没有加爱心表情。

差不多一年后，我收到了夏皮罗发来的一封邮件：

> 你好，苏珊娜。
>
> 希望你近来还好？我和小比想知道你是否有时间再给我们做一次心理治疗？小比怀孕了，想和你讨论几个问题。
>
> 谢啦！
>
> 夏皮罗

实际上我根本没空，但我还是想看看他们进展如何，所以我提前两周给他们发了邮件，建议他们预约一个时间。

你好，苏珊娜。
非常感谢你的回复。我们这周可以去找你吗？
事情有点紧急。
谢啦！

夏皮罗

我很好奇，也有点担心。我想他提出这样的要求一定是有什么大事要发生。我给他们回了邮件，提出可以在周五见他们，这一天我通常是不会面见患者的。

几分钟前，我联系了接待员叫他们进来，我自己则站在咨询室外面，不知道他们去哪里了，这时我听到下层的楼梯上传来比娜的声音。

"天哪，这么多楼梯。"她呻吟道。

"还有一层。"夏皮罗鼓励道。

比娜满脸通红，满头大汗，看上去与我去年见到的那位精致女性大不相同。她穿着印花长衫和紧身裤，棕色低跟凉鞋上一双肿胀的脚踝暴露无遗。她的刘海贴在了额头上，后面的头发则用紫色的大发夹扎成了一个凌乱的发髻。她看上去很不自在，也很不高兴。

他们坐在沙发上，从包里拿出水来，大口地喝着。比娜问我能不能打开窗户，夏皮罗随即站起身来把窗户给打开了。气氛有点沉重，我知道事情不对劲了。

"非常感谢你今天能见我们。我来给你说说吧？"夏皮罗看了看比娜，确认一下自己是不是可以开始说了，比娜不屑地点了点头，没有看他一眼。

"好吧。首先，我们得告诉你，你之前的治疗非常成功，非常有帮助。我们都觉得它起到了很大的作用。对吧，亲爱的？"

比娜没有任何反应。

"我们治疗结束之后就开始要孩子了。第一个月，运气不好。第二个月，砰！我们中了！孩子再过五周就要出生了！"夏皮罗满脸期待地看着我，而我却不知道该说些什么。这一切都显得非常不真实，他这般热情和蔼总让人感觉很虚伪。

"但是怀孕这件事有点棘手。小比一直……"他想找出个合适的词，"有点低落。可能是抑郁了？"他偷偷看了比娜一眼，比娜一动不动地坐着，还是没有反应。

我们沉默了一会儿。我看着比娜，希望她能自己说点什么，可她却低垂着头，那一刻的她似乎离我很远很远，遥不可及。

我等啊，等啊。我心里很清楚，要是这时我再向她提问，她恐怕只会退得更远。我得让她感觉到，向我敞开心扉是她的选择，说不说话是她的权力。

于是我又等了一会儿。和他们静静地坐在一起，我恍惚间陷入了自己的思绪，直到比娜的声音将我带回现实。听到她声音的那一刻，我的脑海里闪过这么一个念头：我的疏离正映射了她的疏离。

"我不知道你们想让我说什么。"比娜平淡地说道。

"跟苏珊娜说一下你的近况，还有你的感受。"夏皮罗提示道，我也鼓励地点了点头。

"肥胖。这就是我的感受。恶心。肥胖。"

比娜付出了大量的时间和巨大的耐心才讲完了整件事情的经过。她从没告诉过任何人她对自己身体的感受，以及她在面对食物时内心的挣扎。她说她觉得自己很恶心，很丑，很失控，以前那种节食和锻炼的习惯现在已经不可能了，现在的她总是在挨饿和暴食之间摇摆不定，因为她从未有过这样要命的饥饿感。她觉得自己好像活不下去了,她恨自己,想杀了自己。她不想以这样的面貌活下去。

我尽可能温和地询问比娜,她是否想过伤害自己,甚至计划过要这样做。

"没有,我不会伤害孩子的。"

她看上去伤心极了,仿佛是刚刚才想起来自己已经有孕在身。我觉得这次和她在一起,我比以往任何时候都更有存在感,我有一种强烈的冲动,想站起来拥抱她;她的声音里透出了一种深深的孤独和悲痛。我以前从未真正见过比娜的这一面,这样的比娜,之前是一直小心翼翼地藏在她那光鲜亮丽的外表之后的。但现在看来,她终于可以承认自己身处困境,承认自己需要他人的关心和理解了。也正因为这样,她才拉近了与我之间的距离。

"亲爱的,你能和苏珊娜说出来真是太好了。"夏皮罗转向我说道,"我真的很担心,小比完全不是以前的那个她了。我很高兴她能向你坦白,你觉得小比需要怎么做呢?"

"夏皮罗,我不确定是不是得让她去做些什么。也许我们可以先好好地倾听?"

"哦,当然。我是想听的,但比娜是不是应该去看看心理医生?你觉得呢?"

"也许是,但我们先认真思考一下好吗?"

当治疗结束时,我觉得夏皮罗肯定如释重负,我也终于明白了他为什么这么急着要见我。我向他们建议说,由我来给比娜的全科医生写信,告知对方我在给两人提供伴侣心理治疗的同时,还可能需要提供一些单人的帮助。他们在一旁认真地听着。接着我看了看自己的日程表,约定好请他们周三早上八点再来:这是我唯一能为他们空出来的时间。

我和比娜的全科医生谈了谈,并给一位专门研究饮食失调的同事发了邮件,问她是否能给比娜留一个患者名额。还没到周三,我就觉得自己已经为这个年轻的家庭打点了不少。

周三当天,我满头大汗地来到昆安妮街,感觉又热又渴:昨天的气温太高了,地铁里一直有股热流。我没空去咖啡馆买水和咖啡了,所以就打开了窗户,拿出一盒新纸巾,检查洗手间里有没有厕纸,然后坐下来等着。

他们没来。没给我打电话,也没给我发短信。我翻了翻邮箱,却徒劳无获。上午八点四十五分,我冲到咖啡馆去买了杯咖啡,还加了个牛角面包,作为自己被放了鸽子的补偿。

那天就这样平安无事地过去了。休息时,我还特意查看了手机,可夏皮罗和比娜都没有给我发消息。回家的路上,我又检查了一遍,并且给两人都发了封简短的邮件,邮件里我说希望他们一切都好,并建议他们与我保持联系。

一周时间很快过去,我对他们的关注就像那些铅笔写的笔记一样开始消退。我已经尽力了:联系了全科医生,还为比娜介绍了一位优秀的心理治疗师。我已经无能为力了。

心理治疗师时常需要忍受患者的拒绝与排斥。许多患者害怕心理治疗师无法满足自己的需求,便将对方伸出的援手一把推开。大多数时候,心理治疗师都不得不再次向患者伸出援手,这一动作有时甚至得重复一次又一次。从某种程度上来说,比娜的饮食失调完全在我的意料之中。她讨厌去向他人求助,所以才选择独自一人与食欲斗争。她想控制自己的另一面,控制那令她失控的饥饿感。看着他们面对我施以援手的反应,我觉得我开始理解他们的恐惧心理了，可如果他们不来，光有理解也是没用的。

大概五个月过去了，时间来到十一月，我再次收到了他们的来信。这次又是夏皮罗主动联系的我，他给我发来了一条友好的信息，既没有道歉，也没有说明，只有一个礼貌的请求。我斟酌着要不要再见他们。我生气吗？这是在浪费时间吗？最终，出于担心（还有好奇），我还是抑制住了心里的百般不情愿，决定下周为他们提供一次线上心理治疗。这是我所能做的全部了。

一周后，我坐在家中的咨询室里，在治疗开始前的一分钟打开了线上视频会议。我望向屏幕，发现自己眼周那一块显得十分疲惫，便拿起桌上的口红，给自己提了提气色。随后砰的一声，比娜和夏皮罗上线了。我看见他们正坐在一张巨大的绿色天鹅绒沙发上，沙发后是一幅醒目的抽象画。整个画面整洁舒适，只是我连个宝宝的影子都没看到。

我笑着对他们说，我们有一段时间没见面了。听了这话，他们也露出了微笑，但在决定谁先发言的时候，两人有点慌乱。

"嗯,我们有了一个儿子!叫达什,四个月大了!"夏皮罗的声音有些紧张,"带孩子这件事……是有点挑战性,但我觉得我们做得还不错。"说完他紧张地瞥了一眼坐在他旁边的比娜。

比娜整个人看起来筋疲力尽。她贴在脸上的头发颇有光泽,可皮肤看起来却蜡黄而紧绷,锁骨也从那奶油色套头衫的领子里突了出来。

"恭喜。你们都还好吗?"我盯着比娜问道。

"不太好,"她答道,"分娩的过程十分艰辛且漫长,最后我不得不做了剖宫产。我生了二十二个小时,医生很担心孩子的心率,所以给我做了紧急剖腹,后来因为感染,我没法好好给孩子喂奶。回家后我得了乳腺炎,医生给我开了抗生素,吃完我又对抗生素产生了反应,我只好把达什放在家里,独自返回医院。达什是个可爱的男孩,但他不怎么睡觉,所以……说真的,把我给累坏了。"比娜不停地说着,话一句一句地往外冒。她表情惊恐,仿佛无法理解发生在自己身上的一切。

剩下的时间我们都在分析这些东西。对比娜来说,怀孕、分娩还有刚生完孩子那几个月的经历似乎是一种创伤。她平时用来管理情绪和身材的方式通通乱套了,她努力地尝试着,想要找到一种新的平衡,但失败了。

这一次他们没有搪塞敷衍,也不想再限制治疗的次数。他们全身心地投入到了治疗之中,而我就像是他们这对溺水者的救生艇。在进行了几周的线上心理治疗后,终于可以在线下定期预约了,于是我们达成了一致意见——他们应该亲自过来。

那是一个可怕的冬日,天寒地冻,天空昏暗。我自己都不想离开家,所以我在想夏皮罗和比娜或许也没法勇敢地面对这样的天气,可到了下午四点,铃声却响了起来,不一会儿,比娜就抱着宝宝来到了我的咨询室。

"今天恐怕只有我一个人了,夏皮罗得去利兹那边工作,不好意思。"她一边说着,一边把达什从吊带上解开,接着又把自己身上裹了好几层的防寒衣物一一解开。她既没有提到孩子,也没有说她为什么带着孩子过来,我也没有。

达什坐在比娜的腿上,被迫面对着我,比娜一把他那顶蓝色羊毛帽子摘下,他那头浓密的黑发就立即竖了起来。达什生着一双棕色的大眼睛,这会儿他正直直地盯着我,小拳头也顺势塞进了嘴里。我冲他笑了笑,他皱起了眉头。

"我觉得你会想见见他的。"比娜解释道。达什嘟囔着呜咽了一声，背也拱了起来，比娜脸上立刻露出了惊慌的神色。

"我不知道这是怎么回事，"她皱着眉头说道，"来之前我刚喂过他。"

接着她给达什套上了一条小小的运动裤，说道："没有拉便便。我要再喂他一次吗？"

"你想不想今天让我来照顾你和他？"我说道。

"那太好了，"她微笑着回答道，"我累坏了。"

达什又呜咽了一声，他不高兴地皱了皱脸。

"怎么了，达什？你想要什么？"她的声音有些绝望，"我好像从来不知道他想要什么。"可是，比娜还没来得及详细说明自己的想法，达什的嘟囔声就变得越来越大，最终他哭了起来。

比娜好像是被眼前的情况给难住了，她把达什举了起来，然后站在原地笨拙地抱着他上下摇晃着。比娜哄不好孩子的样子是那么无助，而达什得不到有效安抚的样子又是那么不知所措——这种场面真是看着就让人难过。达什的哭声越来越大，比娜的绝望也就越来越深，她看向我，那痛苦的眼神使我顿时生出了刺目的泪水。

我太心疼了，想把他们都抱进怀里。

不用说，心理治疗师必须要拥有与人感同身受的能力。在那一刻，在我眼睁睁看着达什和比娜经受危机时，我对他们母子二人都产生了发自内心的共情。达什止不住的哭声刺痛了我，使我体会到了他迫切的需求，而比娜的绝望也同样触动了我。婴儿的哭声会触动我们的肠胃。人体就是这样的——我们天生就会对这种无助做出反应，而婴儿的生存也正是取决于我们的反应。我也是母亲，我知道这种哭声多么令人害怕，我也知道做母亲有多么艰难，知道母亲在面对孩子哭泣而心生绝望时又有多么痛苦。

意大利神经科学家维托里奥·加莱塞发现，在与某人共情之时，我们会在自身大脑中激活与对方大脑相同的神经系统，就像是大脑在设法复制另一个人的感受。同时，我们还会联系起自己过去可能有过而当下并没有的情感，暂时允许自己去体会对方的感受，比如绝望、恐惧、愤怒或者喜悦。可如果我们在他人的感受中迷失了自己，或者我们发现对方的感受太强烈了，我们实在是招架不住，这时，我们就需要在极短的时间内与对方深入共情，再在眨眼间与之抽离开来。如果我们没法做到像这样去与我们的孩子或者伴侣共情，对方就会感觉自己没能得到我们的理解。虽然这看似是小事，可若真被我们所爱之人误解，终归是令人痛苦的，甚至会使我们逐渐疏远对方。

那么，那天下午我眼中的比娜是不是难以与达什共情？在我看来，比娜当时很清楚，达什不舒服、不开心了，可她好像并没有信心去帮助他解决这些问题。所以，并不是比娜不能与达什共情，而是她觉得自己太像他了。两人都是那么绝望，那么无助。

达什哭个不停，比娜也摇个不停。终于，我站了起来，伸出双臂把达什抱了过来。他疯狂地扭动着身子，拱起了背，但我还是把他紧紧地抱在肩上，这样，他开始安静了下来。比娜坐了下来，她盯着眼前的场面，嘴巴微微张着，一脸茫然。

"他喜欢你。"她虚弱地说道。

"你一定累极了。"我说道，她点了点头。达什现在安静了，我把他交还给了比娜。

"我可以喂他吗？你不介意吧？"

比娜撩起毛衣，我看见达什兴奋得抖动起来，伸手去抓她的乳房，接着，他紧紧贴在比娜身上，发出了响亮的吮吸声。

"至少现在喂奶好多了。我差点就放弃了,但助产士说我应该坚持下去。"比娜说道。

达什有节奏地吮吸着,我们也似乎进入了状态。她在说,我在听。她告诉我,她很在意自己乳头的形状,觉得它们变形了,也很担心自己的身体对夏皮罗来说没有吸引力了,他们甚至都没有性生活了。她还说,她母亲好像很怕帮她带孩子,这令她觉得特别失望。她妈妈不理解她带孩子有多难,只是一个劲地叫她去找个保姆。她不想找保姆,可她又不明白自己为什么不想找。她在说,我在听,谈话间,达什躺在她胸前一动不动地睡着了。

心理治疗所带来的大部分改变都是在这些普普通通、周而复始的谈话之中产生的。患者谈论他们的生活,伴侣则讨论家务分工。如果人们发生了改变,变得更有爱,对彼此或对自己更坦诚了,那就是因为有人认真倾听了,而且听的那个人富有耐心,能够忍受对方那些好的、坏的甚至是丑陋的事情。

在我看来,之前并没有人真正去倾听过夏皮罗或比娜的心声。他们的心理防线如此脆弱,就是因为童年时期没有过这样的体会：孩子是需要呵护的。他们从小就把成就看得比什么都重要，并在婚姻生活中达成一致，把自身的感受和双方的关系放在最后一位。可是，婴儿有一种改变事物的方式，他们可以把我们拉回自己的婴儿时期，激起我们长期压抑的情感。婴儿会触发我们的回忆，他们会用哭声向我们传递一定的信息。

许多伴侣会强行将自己从这些感受之中抽离开来：母亲们会在去办公室的路上，忽略乳房流出乳汁的刺痛感；父亲们会把孩子丢到托儿所里，然后辛苦工作以支付账单。大多数父母别无选择。当然了，远离孩子的原始需求有时也是一种解脱，但难道父母就只能无视这些需求，切断与它们的联系吗？不然他们怎么忍心把生命中最宝贵的东西每天都交到别人手里，一别就是八九个小时？

当今社会，照顾孩子这件事似乎已经排在了我们优先列表的最后一项。政府希望工人阶级和妇女群体能够针对全职妈妈的弊处进行正当抗议，可是，谁来为孩子发声，谁来为父母各尽其责的重要性发声？我们现在知道了早教的重要性，知道了孩子三岁前的经历会塑造他们的一生，那么，长时间待在托儿所里，能为大多数孩子提供最佳体验吗？是不是大多数有小孩的父母都更愿意把时间花在工作上，而不是宝宝身上呢？为什么我们不能为新手父母减负，减少他们的工作量呢？为什么我们不能像重视工作时间一样，重视他们花在照顾家庭上的时间呢？

作为一名心理治疗师，评判或推荐某种特定的生活方式并不在我的职责范围之内。但心理治疗是带有政治性的，因为比起成功或金钱，这个行业更看重的是人际关系的重要性。我们也可以这样说，好的治疗方法往往可以改变患者的价值观，改变他们人生列表上的优先级。

我觉得比娜和夏皮罗的心理治疗对他们来说是有帮助的。他们受到了感化，最终没有雇用保姆。比娜没有回到她原来的工作岗位上，在达什一岁时，夏皮罗也辞职了。他们希望自己能有一个不同的未来，希望达什的童年有所不同。心理治疗完成后，比娜又怀孕了，他们开始了自己的事业，而这份事业的名字是家庭。

把草房吹倒重建的加布丽埃勒和约翰尼斯

我梦见一只小船,它在微风环抱中行驶,颠来簸去,却一直停在原地。船体泛着恶心的黄色。我拼命想要驾船穿过水中的礁石,一边害怕小船搁浅,一边止不住地担心甲板下面的什么东西,担心那个东西会不会出来,船上是不是有个洞。接着,我浑身是汗地醒来,觉得鼻子很干,喉咙也很痛。

这是我感染的第五天了。春天才刚刚打破这灰暗潮湿的天气,冠状病毒却来得如此突然。我为朋友们烹饪了午餐,还打开了后门,一同庆祝春天的到来。午宴气氛十分愉快:我们相互撞肘问候,还彼此安慰着说至少还可以期待夏日。我们一边喝着酒,一边悠闲地吃着午餐,计划将来在萨福克见面。不久之后,我觉得身上有点发烫。"我感染了新冠。"我对我爱人说道。听到这话,他嗤笑了一声,但当我把体温计拿给他看时,他立马皱起了眉头。

我上周刚刚升级了自己的祖姆账户——显然,我不可能每次都跑去昆安妮街跟患者见面。我们买好了洗手液,并且开始在两次疗程的间隙擦拭门把手,但到三月中旬,防控政策失效了,病毒开始在伦敦市中心肆虐。我与诸位同事一起讨论了祖姆、斯盖普和微软团队[1]等线上沟通软件的使用问题,并匆忙召开会议,各自表达了对将患者——有时是一些心理非常脆弱的患者——转移到线上进行治疗的经验和重要事项。后来我感染了,我的患者也都得等我了。

两周后,我完全恢复了健康,可以在这个令人不安的新世界重新开始工作了。我小心翼翼地给自己买了个新摄像头,这样就可以升级自己那台旧电脑上的摄像头了。我还从楼下的咨询室里搬来了一把安乐椅,重新布置了自己家里的咨询室。我把笔记本电脑放到办公椅上,

---

[1] 祖姆(Zoom)、斯盖普(Skype)和微软团队(Microsoft Teams)均为常见的为用户提供线上会议、通信和协作的软件。

这样我就可以调整高度，好让自己为视频做好准备。这种感觉很奇怪，我还没有从疫情的大环境中喘过气来，所以我并不期待复工这一天的到来。

我要见的人是约翰尼斯和加布丽埃勒，这两个人总是时不时地来向我咨询。第一次来的时候，他们言辞尖刻，嘴里说出的每一个字都充满了不信任。那时候，我还需要铆足了劲去应对他们在我咨询室里的狂轰滥炸。他们打了一年的官司，法官都受够了他们，心累地叫他们去做心理治疗。两人都不想坐到我的咨询室里，他们本以为自己可以赢得战斗，而不是委曲求全，可如今这份幻想已然破灭。渐渐地，他们的关系取得了一定的进展，两人可以在照顾两个孩子这件事上多一点合作。但和平共处的时光总是短暂的，一旦和平不再，他们就会来找我。

约翰尼斯和加布丽埃勒都很胖，而且胖得并不匀称，这说明他们饮食的次数太多。他们的体重实在是太重了，这说明他们很可能没有好好照顾自己。同他们相互泄愤的行为一样，是不是他们内在的某些渴望和破坏心理也在通过身体表达出来？

我喜欢育儿咨询，因为它不同于那些长期持续的心理治疗。我喜欢与那些难以适应父母身份的伴侣打交道，也喜欢接触那些突然要应付孩子叛逆期的伴侣。我觉得帮助那些为孩子的身心问题而忧心忡忡的父母是一种极大的满足。我喜欢育儿咨询，还因为在这个过程中我可以切换不同的角色——我既可以是育儿教师，也可以是富有同情心的倾听者；我既可以提供一些有关家庭动力的思考，也可以通过我自己的育儿经历与患者产生联系。最重要的是，我觉得自己对孩子同样充满关爱与关心。

孩子给伴侣关系所带来的挑战，是每位伴侣治疗师都需要面临的难题。同时，许多寻求心理治疗的伴侣也在育儿问题上争论不休。全球各地的众多研究都清楚地表明，孩子的降生会使得婚姻满意度急剧下降。谷歌搜索一下"婚姻满意度与生育"这一关键词，你会看到满屏的 U 形曲线。第一个孩子降生后，幸福感曲线会有所下降，再有孩子降生，这一曲线就会降得更低。等到父母逐渐得心应手的时候，孩子又到了青春期，伴侣之间的满足感就会进一步下降。但只要坚持下去，等到孩子开始离开家的时候，情况就会逐渐好转。我记得自己几年前在一次儿童中心经理培训日展示这些图表时，在场的观众都惊呆了，大家沉默良久，直到一位女士沮丧地站起身来脱口而出:"为什么之前没人告诉我这些?"

伴侣关系幸福感的下降通常始于孩子降生后的第一年。对大多数父母来说,孩子的降生是一件喜事——长辈们会对孩子轻柔低语,亲朋好友会带来蛋糕、气球和贺卡,邮差还会携来鲜花和祝福。一时间,一切都是那么美好。可要是什么都以孩子为先,最终只会造成恶果。随着时间的推移,父母开始意识到他们自己的需求已被孩子的需求所取代,这可能会使他们的内心产生强烈的被剥夺和被忽视的感受。这些感受可能会重新激活他们早年因为经历类过似感受而产生的痛楚,从而给当下蒙上一层过去的滤镜。为了应对这些感受,伴侣双方很可能会将目光投向彼此,希望对方能够填补自己内心的空白,减轻自己那种被剥夺的感觉,这样一来,他们就会爆发一场需求之战,开始争论该轮到谁换尿布,该轮到谁晚上起来照顾孩子,该轮到谁晚上和朋友出去玩。在这种情况下,父母开始"轮班上岗",相互监督着该谁上班,该谁放假。虽然这看似是解决争论的一种方法,但随着时间的推移,这样的争吵会使得伴侣之间的距离越来越远,孩子也会丧失从亲子活动中获得的乐趣。

母亲的体验往往与父亲有所不同。尽管有证据表明下列情况正在发生改变，但母亲还是承担着比男性更大比重的家务以及抚养孩子的任务。当母亲为婴儿进行母乳喂养时，男性常常会感到自己是局外人，这种排斥感会使部分男性将注意力集中在家庭以外的生活，也就是他们的工作之上。另外，母亲虽然少有这种排斥感，但她们整日和婴儿待在一起，把婴儿抱在怀里，很可能会患上严重的幽闭恐惧症。这些不同的体验会对双方的性生活造成阻碍。男性会希望通过性爱来找回自己的伴侣，并且让彼此确信：在关爱孩子的间隙，还有时间来享受成人之爱。但女性可能会发现，她们最想要的不是更多的拥抱，而是更多的空间；另一半对性爱的渴望可能会使她们觉得受到了进一步的侵犯。

再谈谈伴侣双方的原生家庭。在女方怀孕之前，伴侣们可能会选择与大家庭划定界限，但有了孩子之后，突然之间，爷爷奶奶、外公外婆还有叔叔阿姨都出现了。这些人或许可以提供一定的帮助，当然了，小家庭也很可能需要他们的帮助，但伴侣双方与各自原生家庭之间重新联系，这种情况可能会引发巨大的变动，需要重新划定一些界限。家庭文化——如何养育孩子、如何庆祝节日、如何与家人相处，以及如何庆祝生日——往往源自我们童年的经历。新成立的小家庭必须弄清楚自己的家庭文化，如果伴侣双方对家庭生活的期望有所不同，那么在协商的过程中就可能会产生冲突。比如，外婆和妈妈可能在宝宝的喂养方式上观点一致，而由于原生家庭的影响，爸爸或许会提出不同的意见。

我上面描述的所有难题都可以在伴侣治疗的过程中得到有效的探讨，可遗憾的是，许多伴侣来之前已经把问题拖太久了。近年来，英国历届政府越来越重视对于新手父母的早期干预，启动了一系列试点计划，鼓励他们去关注自己的情感关系。出于这个原因，几年前，我与一位同事合作创办了一个共同育儿咨询服务中心。

我们的目标人群是那些为青春期孩子焦头烂额的父母，以及那些对新生儿感到抓狂、难以与伴侣合作照顾孩子日常起居的年轻父母。可令我们感到惊讶的是，这些人之中没有一个前来进行咨询的。反之，我们接诊的那些感情破裂的伴侣，都是真心不想再与对方携手合作，更希望对方去死或者消失的。我们让律师寄来了大量的文件，里面记录的满是伴侣间激烈争执的可悲细节。有些伴侣根本就不愿意来我的咨询室，有位女士在来的时候还坚持让自己一脸凶相的母亲跟着一起，以"保护"

她免受前夫的伤害。

这样的情况一开始还真是打得我们措手不及。不过渐渐地，我们学会了与这些分居的伴侣打交道，而且常常能为他们提供帮助。得知这些不受法律保护的父母得到的服务竟是如此之少，我们还曾傻傻地觉得十分震惊。对于那些夹在父母冲突之间的孩子所面临的困境，我们这个社会给予的关注实在是太少了。各项有关分居和离婚的研究结论都表明，父母之间持续的、无法解决的冲突对孩子来说是非常有害的，可是，用于帮助这些家庭的时间和资源还是太少了。律师从中获利，法官做出判决，而孩子则被落在父母战场的中间位置。这是我在做了三十五年的伴侣治疗工作之后，依然会为之动容的事情。

通常来说，为这类伴侣开展治疗工作不但十分困难，而且会使我备受打击。他们会突然拒绝来参加治疗，再不然就是中途离开。心理治疗师收到的邮件里还会有过往的冷暴力和虐待行为记录。伴侣间的谴责和指控全都令人毛骨悚然，有时看完甚至需要打电话告知患者的全科医生或社会工作者。约翰尼斯和加布丽埃勒的情况便是如此。

他们有两个孩子，这两个孩子也正是他们争吵的焦点。四岁的内森在他们分开前几个月被诊断出患有孤独症，至于米娅，她现在还只有二十个月大。我从未见过，甚至一开始都没听他们真正提起过他们的孩子。后来，他们才经常提起这两个孩子，可我还是花了很长时间才了解到孩子的情况。这对伴侣有时会给我这么一种感觉：孩子不过是用来争夺的商品。

首次治疗简直就是噩梦一场。两人是先后过来的。加布丽埃勒先到，她不愿意在外面等约翰尼斯。我知道，如果他不在的话，后果会非常严重：我不想一开始就让他们觉得，我和加布丽埃勒已经先一步建立起了某种融洽的关系，而约翰尼斯则被排除在了我们两人之外。可当时我那里没有候诊室，外面又冷得不行。时间一分一秒地过去，让加布丽埃勒就这么站在街上，我心里越来越难受。最后，我听到了一阵脚步声，两人匆忙跑上楼梯，冲进了我的咨询室。我被两人的体形吓了一跳。他们占据了很大一块空间，这让我顿时有点不知所措。

"我们开始吧？"当他们在相距最远的两把椅子上落座时，我问道。

加布丽埃勒先是充满敌意地看了我一眼，接着又把约翰尼斯晾在一边，开口说道："他他妈的为什么这么晚才来？"不等我回答，她就开始对我说，到我这里来根本就是毫无意义，只不过是因为法院指定的社会工作者要求她必须这么做罢了。接着，她又叫我不能相信约翰尼斯说的任何话，因为他就是个说谎成性的人。

这个开头可不太妙。更糟糕的是，几分钟后，他们突然情绪失控了。约翰尼斯指责加布丽埃勒故意让他弄错就诊时间，而我全程只是一个旁观者。

我举起手掌向外摊开，然后坚定地告诉他们，如果他们是花钱来吵架的，那当然没问题，可这么做根本没必要，更重要的是，这么做对他们的孩子没有任何帮助。我的这一举动可称不上什么转折点，因为在第一次治疗中，我出手制止的次数加起来得有六次。不过，当我向他们询问内森和米娅的情况，询问米娅的语言发展情况，以及他们对于内森确诊孤独症这件事的感受时，他们还是稍稍收敛了一段时间。

第一次治疗结束的四天后，约翰尼斯给我发来了一封电子邮件，说他被强制与孩子分开了，因为加布丽埃勒发起了指控，说他"不适合"与儿子内森待在一起。

我心头一沉，感到一阵深深的担忧。后来我了解到，似乎是内森告诉了母亲，他在洗澡时和爸爸的阴茎"一起玩"了。现在社会工作者正在调查此事。约翰尼斯勃然大怒，说这不过是一个四岁孩子正常的好奇心罢了。后来他们就取消了心理治疗，而我对此一点也不惊讶。

分离是一件很难的事情——爱和归属感的失去会令人迷失方向，使人痛苦不已。通常来说，我们在为那些失去的东西感到痛心之时，也为自己埋下了巨大的心理障碍，这些障碍大到我们难以克服，大到我们看不到未来。有些人会安静地痛惜，他们逃避现实，封闭自己；另一些人则会大声地哭号，在朋友、心理治疗师、同事和家人面前述说自己的伤痛和担忧。我们之中还有许多人会用愤怒来表达自己的痛心。我们会对自己失去的东西感到愤怒，我们会怒己不争，觉得愤懑不平。而且，我们还会怒气冲冲地想要去相互指责、施加惩罚，去开启一场强有力的法庭之战。

两个月后，这对伴侣请我再为他们约一次时间进行心理治疗。约翰尼斯发邮件告诉我，社会工作部门已经对上次的事件进行了调查，结果没有发现任何问题，两个孩子可以继续和他一起过夜。但他还写道，加布丽埃勒仍旧在阻挠他与孩子接触。我同意下周与他们见面,同时也做好了这次治疗会非常困难的心理准备。

约翰尼斯没来几分钟,就在说起儿童福利调查、遭受侵扰和羞辱等经历时,流下了愤怒的泪水。他告诉我他一直以来多么害怕,此时又多么担心。他会不会被指控虐童?会不会失去他的孩子?他和两个孩子已经一个多月没有联系了,只有在社会工作者的注视下,他才能在联系中心见到他们。他在说这话时,加布丽埃勒就坐在一旁听着,仿佛约翰尼斯是在当面戳她的脊梁骨。但她只是沉默了那么一会儿,没过多久,两人就情绪激动地打了起来。这次,我又是冷冷地在一旁看着,一心只想着那两个孩子是如何被他们之间的争斗所伤害的,这种念头在我的心中越发清晰。

"我知道你们真的很想伤害对方,想要为自己所体会到的痛楚报复对方,但你们得知道,凡事都有两面性,伤害也是双向的。你们的孩子每天都会被你们的枪林弹雨所伤到。"

早期我为他们进行了几次单人治疗。我知道,他们都还在为这段关系中的一些往事以及这段关系的破裂感到十分受伤,而且我相信,这些残余的感情在他们照顾孩子的过程中也在一定程度上妨碍了两人。他们告诉我，他们的关系一直以来都很紧张，既有甜蜜也有争吵，虽然他们都决定分开了，可双方又确实很难放下过去，继续前进。在我看来，他们不过是在通过无休止的争吵来保持过去那种紧张的关系，即便现在分居了，他们还在吵，还是像在一起时那样亲密。他们这样争吵，是为了避免这段感情走向真正的终点吗？也许这种激烈的战斗比面对各自落寞的、一言不发的伤感更好？

约翰尼斯是位犯罪小说作家，同时也是个奇怪的混合体。他讲话流利，充满自信，这些都源自他良好的教育和事业上的成功。不过，尽管他的身材和声音令人印象深刻，他还是给人一种容易陷入焦虑的感觉。在他蹒跚学步的时候，他母亲曾把他暂时交给别人照顾，这件事导致他后来一度被人收养，还住过儿童之家。他偶尔会去与生母见面，可对方似乎没法给他一个永远的家，最终在六岁的时候，他被收养了。他告诉我，他的养父母很有爱心，但他们是福音派教会的成员，所以日常生活十分简朴，而且还受到很多条条框框的约束。如今的他憎恶一切规则和死板的东西，哪怕已经失去了这个家，他也总是为孩子被加布丽埃勒带走而担惊受怕，他还是很难去遵守那些有关何时、怎样才能与孩子见面的规定。约翰尼斯脑子转得很快，在我向他指出，正是他幼儿时期遭受遗弃的经历，以及养父母的古板态度影响了他对当前处境所做出的反应时，他立刻就明白了。可是，尽管他理智上知道这一点，但在内心深处，他还是有一种强烈的不信任感和恐惧感。

约翰尼斯可以将自己的心迹表露无遗，而加布丽埃勒则要封闭得多。她把伤心事全锁在心里，在她眼里，我可不是什么盟友，而是一个只会对她指指点点的人。她非常漂亮，有着一张圆润的美丽脸蛋，一身橄榄色的皮肤，还有一头浓密的深棕色直发。她说话时带着一股浓重的南非口音，还经常把脸背过去，我既觉得她在无视我，又对她生出了几分好奇。后来我才逐渐明白，她转过身去是为了隐藏自己的感情，因为露出脆弱的表情会让她产生强烈的耻辱感。她很少谈起自己的童年，只说父母在她四岁时离婚了，她母亲二婚嫁给了一个恃强凌弱、自私自利的男人，加布丽埃勒恨极了这个男人。她继父在她十九岁时去世了，加布丽埃勒却对此表现得漠不关心，正是这种态度，使得她与母亲之间产生了永久的隔阂。

加布丽埃勒和约翰尼斯的心理治疗从两周一次变成了每月一次，并且就这样持续了将近一年，一切才渐渐平息下来。后来，在孩子和金钱问题上达成了一些一致意见后，他们结束了治疗，但如果他们愿意的话，还可以时不时来见我。他们确实这么做了。每隔六个月左右他们就会回来一次，同我讨论他们当下的难题，比如，该把米娅送去哪个托儿所？怎么做会对内森有帮助？约翰尼斯的新女友能见见孩子吗？

在与分居的伴侣打交道时，我常常会想到"所罗门的审判"，这是《旧约》中的一个故事，讲的是以色列国王所罗门智断二妇争子案。两个妇人都声称自己是男孩的母亲，所罗门王需要进行裁决，由于无法达成一致，所罗门王便告诉她们说，将男孩一刀劈为两半，一人一半，这样问题就解决了。说完国王要来了一把剑，就要执行判决，这时，男孩的亲生母亲不忍看到儿子就这样被杀害，便要把孩子让给另一个妇人；而另一个妇人则同意平分。就这样，假冒的母亲暴露了，所罗门王把孩子还给了他真正的母亲。有时候，在与约翰尼斯和加布丽埃勒打交道时，我觉得他们就想让我来担当所罗门的角色，不过我可从没向他们建议过要将内森或米娅一切为二！

我为约翰尼斯和加布里埃勒感到骄傲，也为我自己的治疗工作感到骄傲。他们可能还会相互咒骂和争吵，但最终他们下定了决心，哪怕要向对方让步，也绝不伤害自己的孩子，要把孩子放在第一位。

可封控开始后，他们重蹈覆辙，在各家的客厅里展开激烈的争吵。我很疑惑，是不是线上视频让他们更容易发泄情绪？他们是不是觉得隔着屏幕吵架比当面指责更有安全感？如今这种局面好像让我们多年来的努力一下子变得一文不值了。我很好奇这是不是长达三周的封控所带来的结果——学校和幼儿园都关门了，他们现在得自己带孩子了。在视频通话时，约翰尼斯看上去灰心丧气的。看着屏幕上断断续续出现的提示信息约翰尼斯的网络不稳定，再加上声音和画面的丢失，我也开始着急了。我忍着头疼，试着去弄清楚状况，可这简直难如登天，因为他说出来的每句话我都只听得到一个字。

"苏珊娜，你能听到我说话吗？苏珊娜，我能说话了吗？"

加布里埃勒打断了他的话："约翰尼斯，你的网络怎么这么差？你就不能想点办法吗？把你的视频给关了。"

最终我了解到，他们争论的焦点在于封控期间孩子的住处。内森和米娅当时住在哈克尼区的加布丽埃勒家，约翰尼斯则在疫情暴发后从维多利亚公园[1]附近的公寓逃到了他女朋友在萨塞克斯[2]的乡村小屋。加布丽埃勒坚持认为两个孩子不该到乡下去，这是违反了规定，也不安全，如果约翰尼斯想见他们，就该回伦敦来。

"他们绝对不能去萨塞克斯。那里不安全，我也不想让他们离我那么远。要是他们病了怎么办？而且说实话，要是他们在我身边时我病了怎么办？我那时甚至都不知道他不在家，直到周二那天我因为偏头痛打电话给他，他才说他没法来接孩子。所以说，苏珊娜，他把孩子都甩给我一个人，而我又害怕自己因感染新冠而病重。他完全辜负了我的信任……你还是像往常一样，只把自己放在第一位。"她本想继续说下去，但我打断了她的话。

"约翰尼斯，我不明白你为什么去萨塞克斯？"我希望他能隔着闪烁的屏幕听清我的声音。

"我得和利兹在一起。"

---

1. 哈克尼区与维多利亚公园均位于伦敦市内。
2. 位于英格兰东南部。

"这他妈的是什么意思?"加布丽埃勒插嘴道,"为什么?为什么你要和她在一起,而不是和你的孩子在一起?"

对面一阵沉默。

"你还在线吗,约翰尼斯?"我问道。

"嗯,在的,我在线。听着,加布[1],伦敦就是个毒窝,很明显不能让孩子待在那里。我觉得他们和我在一起更安全。让他们过来住几周就行了,你那里连个花园都没有,到了我这边,他们可以有很大的空间,还可以享受好天气——"

此话一出,顿时掀起了一场狂风暴雨——接下来的治疗时间里,他们你来我往,互不相让,我的心情也久久无法平复。两人都很生气。约翰尼斯觉得加布丽埃勒是故意曲解了他的用意,加布丽埃勒则勃然大怒,我怀疑她是生怕让对方占了上风。这次治疗的唯一一点好处就是:我们一致同意三天后再见一次。

再次线上会面,大家的心情都平静了许多。约翰尼斯自上次治疗后便驱车回到了伦敦,昨天晚上和前天晚

---

1. 加布丽埃勒的昵称。

上都和两个孩子一起待在他伦敦的公寓里。孩子现在正在隔壁房间看电视,而我则在帮助他们的父母在照顾他们的问题上达成一致。

"加布,我待在伦敦没有任何意义,对孩子来说也是如此。利兹有间离海不远的、可爱的小屋,孩子在那里有自己单独的房间,这样的安排对他们来说很妥当,也很安全。假如你真的把孩子放在第一位,想让他们好,那么你就该为他们的离开而感到高兴。"

他就这样说了几分钟,尽管他的语气合情合理,但我看得出来,一想到她的孩子要和约翰尼斯还有利兹一起安身在那梦幻般的小屋,加布丽埃勒就越来越难过。

她用清脆而从容的声音回答道:"约翰[1],你知道的,我都认识你这么久了。这件事与孩子无关——你我都明白。"接着,她对我说道:"其实是因为他离不开他那该死的女朋友。本来这没什么问题,但现在是他妈的疫情时期。你就不能少做几周吗?!"

接下来的几分钟里,恶言詈辞又如暴雨般落下,他们仿佛沉浸在不堪的过去之中,冲着对方大呼小叫,口

---

1. 约翰尼斯的昵称。

出恶言——他们的愤怒似乎比以往任何时候都要强烈,仿佛有屏幕的保护,他们就可以大发脾气。我身体前倾,面向镜头,道:"好了,好了!我们都冷静点吧。约翰尼斯!加布丽埃勒!求你们了!"但加布丽埃勒犹如一匹脱缰的野马,完全停不下来。

我心头涌起一阵无力感。我明白,要是他们现在和我在一个房间里,我就有能力让他们闭嘴。如果是线下治疗,那么我的威慑力和他们的分寸感可以维持一定的秩序,可现在是线上视频通话,我就是无能为力。我向后靠在椅背上,感到十分受挫。

"如果我病了,谁来照顾孩子呢?如果你和她私奔去萨福克了,谁来帮我带孩子呢?"

"不是萨福克!是萨塞克斯!你是又聋又蠢吗?"

他们就这样来来回回地吵着。在这种情况下,我常用的那些折中方案都不起作用了。疫情期间禁止出行,但约翰尼斯还是决定第二天就回萨塞克斯,而且还一个劲地威胁要带孩子一起去。我们的治疗工作毫无进展,我自己也不确定怎么做才是最好的了。人人都知道伦敦是疫情的中心,而加布丽埃勒的公寓又小又没有花园,那里会是最好的选择吗?也许孩子在乡下会过得更好?

我看得出来，他口中的田园生活对两个孩子会有好处，可我也知道，米娅和内森会觉得连续几周都与母亲分开这件事十分困难。我难过极了，我始终不明白为什么约翰尼斯如此坚决地要打破封控去利兹家。

这次治疗结束，约翰尼斯勉为其难地同意自己会待到下周再走，但除此之外他不会做出任何保证。

在关闭笔记本电脑，下楼做晚饭之前，我这一整天的时间都花在视频通话上。我给自己倒了一大杯金汤力，这时手机响了——是约翰尼斯发来的短信。

> 嘿，苏珊娜，很抱歉打扰你，我明天可以给你打个电话吗？我得回萨塞克斯了，利兹已经怀孕五个月了，她的情况不太好。我得想个办法跟加布坦白。约翰

现在就说得通了。我给意大利面加了些水，又给洋葱剥了皮，然后想着下一步该怎么办。约翰尼斯和加布丽埃勒都有着自己的弱点，他们都害怕失去孩子，害怕被对方牵着鼻子走，这两点很容易使他们一触即发。这些有害的情绪相互交织，就会在人的头脑之中掀起情感

风暴，任谁都没法冷静思考。疫情期间降生的这个孩子是不会让事情简单化的。加布丽埃勒要考验约翰尼斯对她和孩子的忠心，而约翰尼斯可能非但不能使她安心，反而会独自在压抑中爆发。加布丽埃勒自身的童年经历也可能使这原本就已十分紧张的局面雪上加霜。我知道加布丽埃勒对利兹不无好感，但她要是知道对方与约翰尼斯组建的新家庭现在有了孩子，知道自己成为那个局外人，她肯定会联想到自己的经历，不知该如何应对。在我一边捣着大蒜，一边啜着美酒时，我开始对他们能否顺利度过这次封控而不再发生争吵感到十分悲观。

对分居的父母来说，新伴侣和新生儿的出现会带来极大的挑战，他们会激起竞争情绪，浇灭一切关切和共情心理。婴儿时期的我们在面临自身和父母之间出现的潜在威胁时，会自然而然地与之抗争，而且这种抗争行为往往会在我们进入孩童时期，心中产生了不安全感时，变得越发强烈。这就是为什么孩子在有了新的兄弟姐妹后，心里几乎总是会有矛盾的感觉，不确定对方日后是会成为自己心爱的新玩伴，还是会从自己手中偷走父母的爱。人类养育子女的行为同样也出自本能，且往往是受生理冲动所驱使的。在感觉孩子受到威胁，或者亲子关系面临危机时，我们都会做出强烈的反应。若是自己童年时期的安全感有所缺失，我们还可能会对这些威胁感到格外敏感，而且在感知到危险时，我们会比想象中更容易产生情绪反应。这些道理我都明白，可我该如何去帮助加布丽埃勒和约翰尼斯度过这场风暴呢？

我真担心他们会斗个你死我活。加布丽埃勒肯定会紧紧抱着孩子，而约翰尼斯见状则会去压迫、攻击对方，这也是加布丽埃勒此前最为担心的事情。这种情形我已经见过多次了，可能现在又得再见一次。总之，他们两人在这次封控中陷入了僵局，要解开所有这些剪不断理还乱的感情，还需要付出时间和努力。

我的背痛得不行，一定是线上视频会议害的。长时间盯着屏幕会让我的脖子出现问题，可能是因为我总是把身体向前探，想离患者更近一些。整个初夏，约翰尼斯和加布丽埃勒都在断断续续地接受着心理治疗，看到他们都在退步，我感到有些不满，同时又十分懊恼——真是又小气又记仇。加布丽埃勒表面上很好地接受了利兹怀孕的事实，但现在又因为要不要让内森在九月份入学的问题与约翰尼斯大吵了一架。

"在这种情况下让内森去上学,他会适应不了的,你居然还想把他送过去,真是太自私了。我再说一遍,加布,这都是为了你自己,是你想要的,而不是为了内森。一个还需要父母照顾的小男孩,在看到老师蒙着口罩、家长都被拦在门外时,会怎么想?这整件事都太他妈的荒谬了。"约翰尼斯滔滔不绝地说着,这时,我举起一只手,大声打断了他。

"你不相信他,"加布丽埃勒厌恶地摇了摇头说道,"你对他没有一点尊重。他想去上学,他期待这一刻已经很久很久了。我,我……"她挣扎着说不出话来。"我觉得你已经把他看得一文不值了,好像就因为他有孤独症,所以他去不去上学根本无关紧要。我把一切都打点好了,让伊斯灵顿[1]的学校确保他有人帮忙,和他的班主任谈过了话,还和校长视频了三次。你他妈干了什么?现在,你还不想让他去……去你妈的!"

就这样,我们只能一个疗程接着一个疗程地继续下去。原本说好的事情,过一会儿又会谈崩,虽然不清楚

---

1. 内伦敦的主要住宅区。

具体的原因，但我还是担心他们会重回法庭。两周后，情况终于出现了重大进展，而且都是米娅的功劳。

约翰尼斯和加布丽埃勒两人在海格特森林[1]交接孩子，却陷入了争吵，这时，米娅在幼儿游乐场摔倒了。由于两人都没有注意到这一幕，另一位不知情的家长抱起流着血痛哭的米娅，把她带去了咖啡馆找绿地管理员。后来，约翰尼斯和加布丽埃勒终于发现米娅不见了。他们拖着内森在树林里跑来跑去，疯狂地寻找。等他们找到米娅的时候，米娅的状态非常不好，他们花了好几个小时才安抚好她。而现在，最近刚戒掉尿布的米娅居然退化了，她开始在裤子上大小便，把约翰尼斯和加布丽埃勒都吓了一大跳。

"我看得出来，你们现在的心情仍十分震惊与不安，那次经历肯定非常可怕，真的太吓人了。"他们脸上的表情既羞愧又内疚，但我不想说出来。我是故意让他们这样的。

他们都点了点头。沉默了一段时间后，加布丽埃勒开口了。

---

1. 位于伦敦北部的古老林地，也是供人游览观光的绿地。

"该停下了,我知道我们该停下来了。苏珊娜,我不想伤害孩子,所以才愿意一直过来参加治疗。约翰,你听着,不管你想要什么,如果你是不想让内森九月份开始去上学,很好,任何事情,我们只要达成共识就行了。我不能再像这样争论下去了,这让我很难受,我们会让他们失望的。"

这时,我看到约翰尼斯泪流满面,备受煎熬。接着,我的眼睛湿润了。加布丽埃勒的话打动了我,她强烈的爱意夹杂着遗憾穿过屏幕,渗透进了我的身体。随后,约翰尼斯慢慢地、吞吞吐吐地开口了。

"不是你,加布,是……主要是我,是我一直在生你的气。内森的事搞砸了。关于我们。关于离开。对不起。对不起。"

然后两人都哭了。

"这么长时间以来,你们都在为分手这件事情感到内疚,"我开始说道,"要承认这份内疚是很痛苦的。我觉得,你们之所以会感到内疚,也许是因为你们觉得分居是件非常不好的事。你们都在试着去摆脱这种可怕的内疚感,想把它推开,把责任推到对方身上。现在是不是不用再这么做了?也许现在你们可以试着去忍受心底的内疚了。承认问题，解决问题，并且停止相互责备。"我停顿了一下，"不这样做的话，你们就会感到更加内疚，因为愤怒会让你们觉得自己充满了破坏性。正如我们刚才所听到的那样，愤怒会让你们忘记孩子的需求。内疚，愤怒，责备，再到内疚，愤怒，责备，这就是个死循环。我觉得你们已经准备好打破这个循环了。"

说出这段话后，我安静了下来，他们也安静了下来。这么长时间以来，我还是第一次感到气氛如此平静。

化身恶毒继母的凯莉·安妮

第一次经历疫情封控的人应该会在最初那几周里感到无比焦虑，这一点通过线上视频也能看得出来。依我之见，即便是那些觉得居家办公、居家隔离别有一番自由滋味的人，也在不知不觉间与现实世界脱节了。有位自称"喜欢封控"的患者说，他梦见自己在骑马时，马腿突然掉落，整个人因此陷入困境。还有位患者梦见了一台内胆被冻住的烤箱。而我本人在病痛的缠扰下，也出现了那种与世隔绝、怅然若失的感觉。线下的羁绊都消失了，线上的沟通又总有难以预料的情况发生，我觉得自己没法与患者隔着屏幕进行交流。正是在这种情况下，我见到了达里尔和凯莉·安妮。

伴侣治疗师的核心原则就是要不偏不倚，所以我尽力在每段冲突关系中保持中立，避免使自己偏向某一方。

这种平衡感对建立医患间的信任来说是至关重要的。哪怕从表面看来某一方的过错更大，但在实际生活中，那些不幸的局面也都是由双方共同造成的。我很早就明白了这一点。可到了达里尔和凯莉·安妮的问题上，我除了得选边站队，还要一人分饰多角，扮演陪审团、法官和刽子手三重角色。

就在第一次封控即将结束之时，他们来向我约诊，我便顺势将治疗开始时间推迟到了七月初，以便届时到伦敦市中心的咨询室与他们面对面交流。为此我还做了大量的准备工作，购入了消毒喷雾和凝胶，并且按照两米的社交距离重新摆放了各件家具。当时的我虽然已经具备新冠病毒抗体，但再次回到昆安妮街，心中不免还是有些恐惧。

年近三十的凯莉·安妮说话时自带一股浓重的美式鼻音，她一头褐色短发，面容姣好，皮肤黝黑亮泽，脸上稍有医美痕迹。达里尔四十五岁左右，一头浓密的姜黄色卷发，脸上缀着些浅棕色的雀斑，说话时有着柔和的苏格兰口音，要不是那头乱发，他一定是个标准的帅哥。线上交流了那么多周之后，重回咨询室面谈的体验给我带来了不小的冲击。我顿时感到几个月来从未有过的活力，同时，我也特别高兴能够与患者在线下见面。

这对伴侣是在两年多以前通过一家专为富人寻找爱情的相亲机构介绍认识的。两人第一次约会是在骑士桥的文华东方酒店里，由名厨赫斯顿·布卢门撒尔掌勺的高级餐厅，在那个迷人的夜晚过后，他们便一同去了法国巴黎、巴巴多斯和美国纽约。两人都在失败的恋情中伤痕累累，所以很快就在对方身上找到了安慰，使自己更加坚信彼此的前任非人。

这是达里尔的第三段婚姻。他第一任妻子名叫阿比巴，现在带着他们二十岁的儿子住在南非；第二任妻子是布雷达，与他育有两个女儿，分别是十一岁的纳塔莉和八岁的凯瑟琳。第一次治疗中，他们同我说布雷达是如何可怕、如何疯狂，还说她是个"非常不合格的母亲"。凯莉·安妮解释说，布雷达性情古怪且控制欲强，达里尔不堪其扰，最终于两年前崩溃，与其分手。从达里尔磕磕绊绊的言语中明显看得出来，婚姻破裂、签署财产协议于他而言十分残酷，我想，他对这段经历仍然耿耿于怀。

凯莉·安妮的故事与达里尔的经历有着不少相似之处。她与凯尔交往了三年，从她那活灵活现的描述来看，这个男人就是个恶霸、渣男、骗子。

"我真想象不出来凯莉·安妮怎么能和那个男人在一起那么久,"达里尔接过她的话茬对我说道,"实话实说吧,那个男人把她的东西全骗走了,赖在她家里不走,还偷了她的车。"

在他们刚认识的时候,凯莉·安妮囊空如洗,是达里尔帮她渡过了难关,替她请了最好的律师团队,让她尽快摆脱了前任的纠缠。达里尔说话的时候,我能强烈地感觉到,他眼中的自己完全就是个英雄,并且他把这一点看得特别重要。于是我说,他把自己描述得就像是那个踩着七彩祥云的盖世英雄,两人都被逗得咯咯笑了起来。我看得出来,这句话吸引了他们的注意。

经历过各自前任在婚姻中带来的伤害之后,两人最终战胜种种困难结合在了一起。七月,达里尔的绝对离婚令下达,两人立即开始筹划婚礼。夏末,他们在拉韦洛的辛波乃别墅[1]完婚。我曾在辛波乃别墅短暂停留过,知道那个地方既浪漫又奢华。

时间一分一秒地过去,我开始怀疑他们为什么会来。

1.位于意大利南部阿马尔菲海岸。

我所听到的一切无一不在表明，虽然曾经的伴侣给他们带来了很多麻烦，但他们现在很幸福。还有，他们结婚还不到一年。

凯莉·安妮看着达里尔。"告诉她我们为什么来——你来解释。"她指示道。达里尔举起双手摊开，做了个无可奈何加遵命的手势。

"嗯，你知道的，嗯，由于封控等各种事情，我妻子，我是说我前妻，应付不过来……所以，哦……嗯，她说……纳塔莉和凯茜[1]得过来和我们住……"他停顿了一下，焦急地瞥了凯莉·安妮一眼，"还有，嗯……凯莉·安妮可以接受凯茜，但纳塔莉……"

他停了下来，凯莉·安妮生气地看了他一眼。"这可不是我说的。我没说她不能来，是她自己不想来。她恨我！"她断然总结道。

那时，我忽然意识到了问题所在，也感觉到了整件事会变得十分棘手。听到凯莉·安妮的语气，达里尔畏缩了一下，低下头，等着她把话说完。

"她恨你？"我接过她最后那句话，希望她能再多讲

---

1. 指凯瑟琳。

一些。可现在他们两人都沉默了,这种态度似是在告诉我,这个话题太危险了,不宜探索。

"我知道这件事聊起来会很烦人。你们新婚不久就遇到这样的困难,真是太不容易了。"

两人都点了点头,但不知怎的,接下来的时间就这样过去了,我们没有再讨论达里尔两个女儿的事情。很快,他们就离开了我的咨询室,而我仍然什么也没弄明白。

后来我急需休假,便去康沃尔[1]短暂待了一段时间,再次与他们见面已是七月下旬了。那时封控已经解除,但一切尚在恢复之中。回到昆安妮街后,我越发觉得周遭一切都在回归正轨。不过,我的大部分患者仍选择线上诊疗,他们不愿意亲自到伦敦市中心来,所以我十分期待与达里尔和凯莉·安妮面对面交流——这将会是个可喜的变化。

他们来得十分匆忙。凯莉·安妮刚购完物过来,达里尔从她手中接过几只时髦光滑的手提袋,然后将它们

---

1. 位于英格兰西南部。

像一堵墙似的立在我们之间的地毯上。他们坐在我那塑料套的沙发上，整个人看起来很不自在，而且我注意到他们今天坐得离彼此更远了。闲聊了一会儿后，他们便陷入了沉默，但我稍稍一问，他们便开始大吐苦水。凯莉·安妮很难与达里尔的孩子建立亲密关系，鉴于我从前就接触过许多重组家庭，所以这件事对我来说并不奇怪，不过她谈起纳塔莉的方式倒是让我吃了一惊。年仅十一岁的纳塔莉当然还没法接受父母离婚的现实。这样的孩子很难不对自己的继母有点意见。

随着岁月的流逝，多数家庭中的亲密关系会发生变化。童年时期亲密无间的兄弟姐妹，到了青春期就会彼此不和；曾经的最佳父子拍档，也会开始相互争宠、争权夺利。这些变化虽然叫人难受，却是一种自然且正常的现象，是由于家庭成员的正常发展（个人走向成熟、尝试新身份）而产生的。只是，这些过程不仅会被离婚所妨碍，更会被重组家庭所打断。

"她不喜欢我，我也不喜欢她，"凯莉·安妮用一种短促而戒备的语气说道，"我不乐意受别人的气——这对我不公平。达里尔也知道。我不希望她在来见我的时候露出那种狡猾的眼神，还有变着法子让她爸爸站在她那边。她得知道,今时不同往日,不可能事事都顺着她的意了。"就这样,凯莉·安妮开始滔滔不绝地数落起年幼的纳塔莉,说对方是如何一次次叫她下不来台的,比如从来没有穿过自己给她买的那条裙子,没有帮女佣把盘子送到厨房等。她就这么一直说啊说啊……

"问题是,她把达里尔玩弄于股掌之上,而达里尔却从不拒绝。我看出来了,她就是在要你,亲爱的。你看不出来,我看得出来!我不明白你为什么让她穿成那样!布雷达肯定是没教过她不能穿着脏兮兮的露脐上衣和破旧的打底裤出去吃饭。我真觉得纳塔莉很可怜,这不全是她的错。真是慈母多败儿。"

我原以为达里尔会反驳她的观点,为自己的小女儿辩护,向凯莉·安妮解释说那都是因为孩子太容易受伤了,但他没有。他似乎更在意凯莉·安妮,他选择去安抚她,和她一起批评纳塔莉。

"别怪我呀,亲爱的。我知道她很难相处,我也跟你一样头疼。她就是个小白眼狼。她跟她母亲太像了,你也没法帮她改过来。但是,亲爱的,这事真不能怪我,要是你说我们不让纳塔莉过来,那么布雷达就不会让可怜的凯茜过来,而我们是希望凯茜过来的,不是吗,亲爱的?"

听到这话,我不禁回忆起几年前在某次讲座上听过的一项研究。讲座主讲人是加州大学伯克利分校的两位心理学教授菲利普·考恩和卡罗琳·考恩。他们研究发现,如果一对伴侣在一起过得并不幸福,那么父女间的关系也会随之大打折扣。也就是说,父亲一方对于妻子的负面情绪会波及其与女儿的关系,这就像是将夫妻关系与父女关系给混淆了。达里尔也是如此吗?这就是他对纳塔莉心生不满的原因吗?

在他们离开之后,我用手捂住了脸,心底产生了一种强烈的厌恶感。这对夫妇竟是如此冷酷无情、自私自利,我根本都不想去想他们为什么会这样。我只想保护可怜的纳塔莉。但想到他们下周还会再来,我又稍稍松了口气,因为在那之前我还可以和同事们商量商量。我很清楚,要想让他们的治疗工作继续下去,我就得向外寻求帮助。

可我没时间去和同事们交流。当天晚些时候,我便接到凯莉·安妮打来的电话,电话那头的她边哭边叫,我费力地从她的哭腔里得知,达里尔离开了她,回到了布雷达身边。她歇斯底里,心如死灰。她该怎么办?他们大吵了一架,乱扔东西,最后她推开他离家出走了,等她一个小时后回到家，他已经不见了。

"你为什么觉得他会在布雷达家呢，凯莉·安妮？"听到我这么问，对方发出了一声哀号。她不确定他是不是在布雷达处，这只是她的猜测。于是我建议她这么想，也许达里尔并没有和布雷达在一起，只是在某个地方独自舔舐伤口。为了暂时结束这个话题，同时稳定她的情绪，我告诉她说下周再见。

但我的话全被当成了耳旁风。我一整个周末都被电话和短信狂轰滥炸，现在达里尔也加入了进来，向我讲述他的视角。他根本就没去找布雷达，而是住在圣约翰伍德[1]附近的一家旅馆里。凯莉·安妮不但对他动了手，还伤透了他的心。我看得出来，双方都在努力地想把我拉进各自的阵营。说实话，我还是觉得自己更倾向于站在达里尔这边，而不是凯莉·安妮那边，毕竟能对一个十一岁孩子说出那种话的人都是应该受到谴责的。我感觉自己夹在他们两人之间左右为难，所以给他们发了一封联名邮件后，我便决定不再回复任何短信或电话。

---

1. 位于伦敦西北部威斯敏斯特。

亲爱的达里尔和凯莉·安妮：

得知你们经历了这么多的困难，我很难过。我们周二下午两点十五分见，到时我们可以一起想想办法。

此致

敬礼！

苏珊娜

到了周二那天，我一边走在马里波恩大街[1]上，一边思考着凯莉·安妮和达里尔的事情。就像所有训练有素的精神分析心理治疗师会做的那样，我当时正在仔细思考着自己对于他们的感受。从理智上来说，我知道他们在我心中激起的情绪可能帮助我更好地理解他们的内心世界，但从情感上来说，我又实在是气恼，且打心底里鄙视他们。我特别讨厌凯莉·安妮。她怎能如此排斥一个小女孩？她对这个孩子完全没有一点母性的感情，这也太反常了。想到这里，我又觉得自己太吹毛求疵了，对凯莉·安妮了解得太少了。我对达里尔也是如此。为什么凯莉·安妮就得喜

---

1. 伦敦的一条购物街。

欢纳塔莉？难道就因为她是女性，我才希望她特别有教养吗？我这样的看法是不是带着性别偏见呢？

独自揣摩之际，我突然意识到，这整件事情似乎都和站队有关，也都和好坏有关。凯茜是好人，纳塔莉是坏人。达里尔和凯莉·安妮的前任显然都坏得掉渣，是他们过往情感关系中一切问题的罪魁祸首。而在他们自己身上，那种非黑即白、两极分化的心态也是如出一辙、十分明显。上一分钟还沉浸在理想幸福之中的两人，下一分钟便美梦破碎，仿佛置身炼狱。我是不是也犯下了过错，偏袒了哪一方？我眼中的达里尔似乎就是个逆来顺受、尽心尽力的好孩子，而凯莉·安妮的所作所为则像是个坏孩子。

这种将人区分好坏的情况，我以前也遇到过很多次，而且我明白，他们内心可能也在因这种行为方式而备受煎熬。当我抵达昆安妮街时，我虽然并没有对他们有所改观，但内心却燃起了些许好奇。只能这样了。

他们坐到我那满是裂缝的塑料沙发上时，显得有点不好意思。凯莉·安妮小心翼翼地摘下口罩，打开手提包，涂上口红，这时达里尔开始说话了。

"嗯，上次一别，情况就一直有点起起落落的。"他笑了，可从他那高兴的神色中我能看出他很不自在。"不过现在一切都解决了，苏珊娜。很抱歉让你跟着受累了，"他笑着说道，"我们和好了！"

我等啊等，可两人全都闭口不言。最后还是我开口说道："看来这段关系既可以给你们带来十足的幸福感，也可以令你们完全难以忍受。我觉得这种忽远忽近的感觉可能会很难挨。"

他们面面相觑。凯莉·安妮耸了耸肩道："我讨厌这种感觉，就像是要把彼此给逼疯一样，可达里尔从不承认他也有错。他说都是因为我，全都是我的错。明明是他惹的我，也全都怪我……昨天，我们本该一起做晚饭，他却跑去给纳塔莉打了一个多小时的电话，还对她甜言蜜语，就因为她在耍脾气。我听到他答应周六带她出去玩，可周六那天我们明明计划好要和朋友一起去打网球的……"凯莉·安妮滔滔不绝，越说越生气，而达里尔则是肉眼可见地越来越慌张。他先前的快乐通通一扫而空，现在的他皱起了眉头，望向别处。我预感到情况可能会变得不太妙，多说无益，于是便打断了她的思路。

"我们把视角再打开些吧，这么做或许会有所帮助。"我建议道。两人一脸不解地看着我。"我听说了一些你们目前遇到的困难，但我觉得我对你们两个人都还不太了解——我知道你们是怎么认识的，也知道一点你们以前的情感经历，但我对你们的家庭背景一无所知。如果能够更加了解你们的成长经历，或许就能找出这些不安情绪的核心？"

我知道，如果不深入了解他们的家庭，我就会继续迷失在海上，找不到方向。要对他们展开帮助，我就得通过他们的过往经历，了解他们为何重蹈覆辙，想要解决什么问题。我原以为他们可能不愿意告诉我太多，但凯莉·安妮迫不及待地说道："我先说。"

她告诉我，她小时候和母亲还有外婆一起住在美国肯塔基州，但在她七岁时，她和母亲、母亲的新男友以及男方的三个孩子一起搬去了东部。她对继兄颇有好感，一直与对方夫妇保持着联系，而与另外两位继姐妹则是一向不合，她也因此格外想念外婆。

"我继父是个专横独断的人，一个十足的控制狂。我们经常吵架，所以我尽快离开了那个家。到了十七岁，我回到肯塔基州和外婆一起住，还去上了大学，此后我就再也没回过家。我妈妈和继父在一起过得很不舒坦——他们大约十年前离婚了。"

"不舒坦？这话怎么说？"我问道。接着她告诉我她继父很是奇怪。他总是怕东怕西的，在她进入青春期那会儿，他的举动变得更加反常甚至"古怪"。我疑惑地看着她，但很明显她不想再说什么了。

"我的亲生父亲，他现在还住在我外婆家附近，我以前经常会在路上看到他——他也会向我挥手。他老泡在酒吧里，我想起有一次他跟我聊天，也不过是为了让我请他喝一杯。"她哼了一声，然后叹了口气，用手比了个轻蔑的手势。

"你的童年过得很不顺，凯莉·安妮。听你的语气，离开外婆那段日子真的很痛苦吧？"

"没错，她是我在家里唯一亲近的人了。她今年九十岁，现在住在养老院，从我来到伦敦，遇上新冠以来，我就再没见过她了，一次也没……"她开始哭了起来，泪水慢慢地从脸颊上滑落。达里尔握住她的手，她靠到他身上，他就这样静静地抱了她一会儿。

虽然我嘴上没再说什么，但我心里对她的感觉却发生了变化，因为现在的我终于能体会到凯莉·安妮童真的一面，能感受到她的生活有多复杂了。得知她这些经历，我顿时醍醐灌顶，把一切都联系了起来。从妈妈、外婆，再到自己，那种突然失去生命中最重要之人的经历一定特别难挨。凯莉·安妮与继父一家四口分享妈妈的生活一定也十分艰难。我开始更加同情起她与纳塔莉之间的难关了，也许和继女们分享达里尔这件事情，太像在重复她童年时期的无奈之举了。我们静静地坐着，凯莉·安妮缓了过来，接着我转向达里尔。

"那你的家庭呢？能告诉我一点吗？"

"你想知道什么？"达里尔问道。我还没来得及作答，他便开始止不住地讲述起他的人生故事。他告诉我，他从小在因弗内斯[1]长大，父亲是兽医，母亲是名护士。他父母笃信宗教，家庭生活也以教会为中心。母亲偏爱哥哥，因为哥哥是个明星运动员，在学校表现出色。父亲则偏爱妹妹，因为妹妹也是兽医，继承了父亲的衣钵。他说，他心里一直都明白自己不会像哥哥和妹妹那样受到父母的关注，但没关系，因为他过得随心所欲，十分自由。父母对他似乎并没有太高的期望，哪怕是他十六岁那年决定辍学参加海军，他们也毫无怨言。接着他便开始大谈那段美妙的参军经历，说那段经历是如何帮助

---

1. 苏格兰城市。

他成长，如何给他带来创业信心的。在那之后，他便开始了他的职业生涯。他详细介绍了他取得的各种成就——他所有的创业和买卖经历。他还向我描述了他目前这份事业背后的巧思和展望。渐渐地，我意识到了，这间屋子里所发生的事情似乎正映射了他对待过往经历的方式。

"达里尔，我注意到了，离家之后的你很快便把童年经历抛到脑后，进入了人生的下一阶段。看来你和凯莉·安妮一样都在家庭生活中遇到了一些难题，而且和她相同的是，你也尽可能快地摆脱了这些难题。如今你在和我谈话的时候也是如此，你很快就摆脱了对过去的回忆。"

他露出了好奇的表情，但什么也没说，所以我继续说了下去："你介不介意再回忆一下童年时光，就一会儿？我觉得我只听到了一点点。比方说，你父母之间的关系怎么样？"

"哦，天哪，"他笑了，"他们简直就是一对仇家，连同一个房间都待不下去。他们本来也可以不用待在一起的，但是，你知道吧，他们都很喜欢到教会去，所以……"他耸了耸肩，无奈地抬起肩膀，"我妹妹总和爸爸待在一起，妈妈又总和哥哥道格拉斯在一块。至于我呢，我就置身事外。只要我不碍事，就没人来烦我。"

"你将这件事表述得很轻松，好像这是什么好事一样。但是我在想，你会不会在某些地方觉得，而且现在有时还会觉得，自己被忽视，被忽略了？"

"也许吧……"他礼貌地说道，但我看得出他并不想深究这个问题。

我不依不饶道："你们有没有觉得彼此身上都有着这种缺爱的感觉？从前面我听到的来看，凯莉·安妮似乎很难做到和继父一家分享母亲。而你，达里尔，你的话让我觉得，你好像从没觉得自己是第一位的。所以我在想，你们为了纳塔莉的事而吵架，是不是因为觉得很难与他人分享彼此。你们在一起的时间并不长，就必须马上为纳塔和凯茜腾出情感空间。凯莉·安妮，你是不是觉得，现在就要和那几个孩子一起分享达里尔有点太早了？"

两人互相看了看，点了点头。一时之间我以为从这一刻开始，治疗终于有了进展。可过了一会儿，达里尔突然转变态度，轻蔑地说道："我觉得我们都不是斤斤计较的人，我们可大方了，你知道的！"他笑着拍了拍凯莉·安妮的手，告诉她该走了。

他们走后，我试着把这些零碎的片段都拼凑起来。我看得出来，他们表面上的那种不屑一顾、"不关我事"的态度不过都是伪装而已。我几度想要打破他们脆硬的外壳，却几乎徒劳无功。好在两人都讲出了那段缺爱的童年，我还在想，也许凯莉·安妮的经历中潜藏着某种更黑暗的、她不愿提及的东西。

会不会是父女（或类似父女）间的亲密关系在她心中激起了某种不安的情绪？这就是她反对达里尔和他大女儿来往的原因吗？她那么在意纳塔莉的着装，这其中莫非也有什么猫腻？纳塔莉渐渐长成大姑娘，这件事显然也令她很困扰。

我又想，达里尔过去在原生家庭中备受冷落的经历是怎样的呢？那段经历如今怎么会与凯莉·安妮与他女儿之间的经历一模一样呢？他是不是把自己的竞争情绪投射到凯莉·安妮身上了呢？他们的种种过往，还有他们所有的恐惧和幻想，就如一阵阵汹涌的浪潮，将他们逼到如此困境。这些悬而未决的问题曾让这对伴侣走到一起，而现在同样的问题又要将他们分开。

不过，无论如何我都没办法再去验证这些猜测了。

一周后，他们并没有如约而至。我联系了他们了解原因，却从凯莉·安妮处得知他们又分手了。于是我回信鼓励他们过来再做打算，看看这样的结局究竟是不是他们真正想要的。在那之后的整整三周里，我都没有收到任何回复。后来我收到了达里尔发来的一段简短的文字，说他们已经开始办离婚程序了——谢谢好意，但不用了。

达里尔和凯莉·安妮所面临的困难或许是太大了，但如果他们能够坚持到底，我想我能帮到他们。他们结为夫妇，仿佛就是为了从过去的感情和痛苦之中解脱出来。他们稀里糊涂地走到一起，以为这样就可以把一切抛在脑后，就可以不用再面对甚至经历任何痛苦。

要真正做出改变，直面那些塑造我们的生活并铸就我们个性的不堪回忆，这是很难做到的。大多数人都会想办法不去看得太深。我们宁愿翻篇，宁愿去找个新的爱人，喝上一杯，买件新衣服，或者直接睁一只眼闭一只眼。社会鼓励我们加快节奏，因为时间就是金钱。哪怕是英国国民医疗服务体系所辖的心理健康服务，也喜欢运用认知行为疗法对患者进行快速"修复"，可实际上，这种方法对许多人根本就不起作用。相反，患者却又在体系内兜兜转转，拼命寻找着那些短期治疗所无法提供的东西。

从孩提时起,凯莉·安妮和达里尔就已经找到了各自应对伤痛的方式:向前看,仅此而已。现在的他们还是延续了从前的做法,在没有彼此、没有我的情况下继续前行。他们不曾回头看一眼,一切就这样结束了。

夹在中间的小猪——雷吉和劳伦斯

一开口，我心里便有了十足的把握。为了打消我的疑虑，他们立即向我保证，此次前来不是因为他们自身有什么问题，而是因为担心他们二十五岁的儿子被困住了。

"被困住了？"我问道。

"是的，被困在家里了，"劳伦斯说道，"我想连雷吉都觉得他得向前看了。"雷吉听天由命地叹了口气，点点头表示同意。

听他们讲起儿子伍迪的事，我渐渐发现自己的注意力有点跟不上。他们坐在我的沙发上，离得是要多远有多远。在他们聊天的时候，我感觉自己就像是网球赛场上的观众，脑袋跟着两人的球拍转来转去。他们经常打断对方，提出反对意见，然后再急切地告诉我他们对于某件事的"真实"看法。第一次治疗结束,我简直筋疲力尽。虽然很累,但一想到他们觉得这次治疗颇有用处,我心里还是感到一阵宽慰。他们的要求很高,但我有信心能够帮到他们,能够帮助伍迪继续正常生活。

在第二次治疗时,他们依旧坐得很远。雷吉穿着一件灰褐色的风衣,里面是一件条纹紧身衣和一条橙色灯芯绒连衣裙。这样色彩鲜艳的服饰让她看起来有点像是儿童电视节目的主持人。劳伦斯则穿得像个农夫——厚实的棕色裤子搭配粗糙的粗花呢夹克,里面还有一件破衬衫。他的胡子刮得干干净净,一头稀疏的长发向后拨开,轻轻地搭在肩上。他们自称园艺工作者,从他们红润的面色和饱经风霜的手掌就看得出来,他们经常在户外活动。

"苏珊娜,我想说上次的治疗很有帮助。我真的觉得你'抓住'了问题所在,我们回家后,那天晚上我和伍迪谈了很久,感觉小有突破。"

劳伦斯刚喘了口气,雷吉便打断了他的话:"我都不知道你上周跟伍迪谈过,你没说。我也和他谈过了,就在周五那天。你什么时候跟他说的?是之前还是之后?"

"这有什么关系?"劳伦斯愤怒地将双手举到空中,

厉声说道。接着他转头看向我，开始用一种更加通情达理的声音告诉我，他觉得自己和伍迪真的很亲近，伍迪也跟他说好了，愿意在家里多做些事情，也许等写完论文后，他会过来帮忙干点活。

"论文？"我问道。

"你做什么了？"雷吉没有理会我的问题，"你为什么说他可以和我们一起干活？你明知道他讨厌园艺的，他来给我们干活，对他独立自强有什么帮助呢？没有帮助，不是吗？"

他们就这样一来一回地反复拉扯，我也不得不拼尽全力去从中斡旋，好让每个人都有发言权。一方面，我发表的每一个观点都能与他们的想法不谋而合，这让我对他们产生了极大的好感，而他们显然也都非常热情且投入。另一方面，我承认我对伍迪感到十分恼火——他听上去是那么自私、那么懒惰、那么自以为是的一个人。我心想，对付这样的孩子就得用强硬的方法，可是很明显，雷吉和劳伦斯总会轮番采取这样或那样的方式来维护他。

下一次治疗，他们是穿着沾满泥泞的笨重靴子过来的。两人解开鞋带，把靴子放到门边，然后穿着袜子挤到了沙发上。雷吉第一个开口,她微笑着同我寒暄了一下。

"我想谈谈周二晚上发生的事。"她说着瞥了劳伦斯一眼,劳伦斯点点头表示同意。"我觉得把它说出来会很有帮助,因为从中可以看出伍迪一直以来的情况。"

"是周二吗?"劳伦斯突然打断她,"我觉得是周三吧,就是我们从金斯顿[1]回来的那天。"

"管他哪天。"雷吉冷冷地说道,她轻蔑地扬起眉毛,看向我以寻求认同。

在他们像往常那样吵起来之前,我立马插嘴道:"我们继续聊你要告诉我的那件事好吗?你们应该都想让我知道吧。"他们点了点头表示同意。劳伦斯正要说话,雷吉便恶狠狠地看了他一眼,示意他安静下来,然后抓住了主导权。

"我们刚从金斯顿回来。我们一直在那边做一个大项目,一个特别大的项目。当时我累坏了,我们都累坏了。伍迪就和往常一样在餐厅玩他的游戏机,而厨房整——个——脏得要命!很明显他已经在那里待了一整天,可杯

---

1. 位于伦敦西南角,全称"泰晤士河畔金斯顿"。

子和盘子被扔得到处都是。而且他还一直在抽烟——一闻就闻出来了。于是我就好声好气地对他说：'麻烦你收拾收拾。'"

劳伦斯一脸不屑地发出生气的声音。

"我确实是在跟他好好说。"雷吉转身对劳伦斯说道。

"我什么也没说！"

接着，针对伍迪的态度，还有雷吉对于这件事的说法究竟是否属实，两人又吵了起来。

我举起手来，道："停！让我们来一起想清楚到底发生了什么。"他们惭愧地看向我，然后安静了下来。

"我不是想故意挑事，但说真的，劳里[1]，你为什么从来不站在我这边呢？我们都说好了——我们已经说好了，不是吗？我们说好了要让他多帮忙做点事的，可一旦我说了他的不是，你就会站出来维护他。为什么？说得好像我是个坏人似的。我可不是。"

"你上去就劈头盖脸地给他一顿臭骂，你明知道你干的好事。好像他只关心自己的事一样，我们一进去你就盯上他了。我不明白，你好像完全不给他机会。然后你

---

1. 劳伦斯的昵称。

又因为我没做什么，或者没有给你帮腔而来怪我。"劳伦斯说完了，在吐出"给你帮腔"这四个字时，他的语气格外轻蔑。

"有没有反过来的情况呢？"我问道。

他们不解地看向我。

"雷吉有没有说过你太强硬、太苛刻？有过这样的情况吗？"

"有时候……有的，"劳伦斯犹犹豫豫地答道，"最近没怎么说过，但伍迪小时候肯定有。你从不让我骂他……从来都是这样。从来都是！他小时候你就不让我那么做——啊！原来你跟我一样坏。"劳伦斯得意扬扬地总结道。

接着，他们又继续为伍迪小的时候谁带他带得最多、谁对他最上心而大声争吵起来。我毫无头绪，不知道接下来会发生什么，这时雷吉换了种语气说话了。

"苏珊娜，你是不知道，其实我在伍迪出生前还怀过一次孕，大约就在他出生前一年。月份很大了才流产的。"

"雷吉，那就是个死胎，对吧？算不上流产。"劳伦斯插嘴道。

后来他们告诉我，他们是在预产期前一个月失去了那个儿子。他们一直不知道他的死因，妊娠原本进行得很顺利，他们也都很开心，可突然孩子就不动了。他们在说话时的神情，仿佛是重温了当年的恐惧。雷吉抽泣起来，劳伦斯则目光呆滞地望向远方，我也感到泪水涌上了眼眶。但治疗结束后，我不禁好奇了起来：为什么雷吉要说那是一次流产？这么说的话，听起来就没那么痛苦了吗？显得更"正常"吗？

几周过去后，我渐渐懂了，两人都很难对伍迪强硬起来。我们谈到了如何去分担育儿过程中的困难，比如他们的方式就是轮番上阵，打个巴掌再给个甜枣。雷吉常常会因为孩子在家不做事而责骂他，或者因为功课上的事情唠叨他，但转眼间，她又会给孩子做点心，给他洗衣服，还给他交话费。

就像伴侣间在讨论与孩子相关的问题时经常发生的那样，雷吉和劳伦斯也会在某一时刻突然放下伍迪的事情，开始聊起他们自己。他们对性生活痛感失望，时至今日两人早已不再如胶似漆，性生活也越来越少。他们两人都声称自己十分想念性生活，所以他们性生活中止的原因还不太清楚。话是这么说,但他们谁也不会主动,谁也不愿在寂静的黑夜里靠近对方,共度良宵。他们的身体仿佛冻结了一般,虽然内在充满了渴望,外在却已经全然僵化,宛如躺在床上的两尊石像。

我感觉到了他们有点别扭,但我还是决定当面直说,告诉他们,他们的性生活实在是太少了。我先问了他们是从什么时候开始失去性趣的,再问他们有没有想过为什么会发生这种情况。这时他们开始觉得,两个人一起过来是要出问题的。于是有一次,劳伦斯背疼得厉害,没法过来治疗。过了一周,雷吉得回娘家。再后来,劳伦斯约好了要去看牙医,不能改期,而雷吉则要带伍迪去面试。就这样,那段时间我都是轮流和两人见面,我承认我花了好几周才反应过来,原来他们两人是在无意识地抵制与我共同探讨性生活这件事情。

当我终于让两人同时到场时,时间已经来到十一月了。天冷刺骨,而我咨询室的暖气又不巧坏了,所以我们只好凑合着用一个又吵又破的暖风机。

"伍迪找到工作了!"劳伦斯兴奋地对我说道。

"他要去助老协会工作。"雷吉笑着插嘴道。

"老人家们可要遭殃喽。"劳伦斯开玩笑道。

后来，他们争先恐后地要告诉我更多的事情，为保雨露均沾，我的脑袋又一次左右转动起来。再后来，他们又像往常一样吵了起来。

"我不知道你为什么要跟苏珊娜说这件事。在他硕士毕业之前，你不让他找工作。"劳伦斯生气地说道。

"胡说，还是我带他去面试的，"雷吉看了我一眼，气冲冲地说道，"我帮他写了申请书。你真以为只有你会为伍迪做事吗？"

"你总是嫉妒我们的关系。总是这样。你从来不让我和伍迪有单独相处的机会。又不全是你一个人在做事。就你最会败事。"

突然，我想到了。我就是伍迪。或者更确切地说，他们与我的关系和他们与伍迪的关系之间有着某种相似之处。他们争夺我，就像争夺他们的儿子一样。现在的场面就是如此。他们争论途中都在密切关注着我的反应，看我会站在哪一边，而我在费力地倾听他们、关注他们的时候，内心又出现了那种熟悉的观看网球比赛的感觉。

"看来你们都觉得伍迪和你们夫妇两人并不亲密，所以你们才要去争夺他的喜爱。我想知道你们是否和我有着同样的感受——你们是不是都在不断确认我更喜欢你们中的哪一个？我觉得你们内心有这样一种想法：你们两人之中，只有一个能得到我的关注和关心，而另一个则会完完全全被我冷落。你们好像从不觉得我能同时把你们都记在心里？"

听到这话，他们停止了争吵，转而向我保证事实并非如此。他们说，他们两人都觉得我完全公平，这也是他们觉得和我在一起颇有安全感的一个原因。但当他们开始探讨起自己那股好胜心时，两人之间明显显现出了某些共同点。接着他们开始笑着讲述起自己在玩游戏时的表现，他们还承认说，什么事情都能被他们变成比赛。

"你们还是小孩的时候，和兄弟姐妹竞争过吗？"我问道。

"我姐姐比我大很多，大到我觉得自己更像是一个独生子。我绝对是我父亲的最爱，对吧？"雷吉开口了，她看着劳伦斯，希望得到对方的肯定，"他总是站在我这边。如果妈妈生气，他总是责备她。自他去世后，我和妈妈更亲近了。"雷吉顿了顿，"我过去……现在……觉得有点内疚，因为我十几岁时那样对待她。"我看着她对自己刚刚说出的那句话思索了一番。"我不愿意去想，我对伍迪也做了同样的事……我不希望他像我一样觉得自己是'夹在中间的小猪'[1]。"

"夹在中间的小猪?"我重复着,想要问更多。

"是的,嗯,他们总是在吵架。我妈妈总为这样或那样的事责备爸爸。通常是因为钱,"她悲伤地说道,"我想我当时是为爸爸感到难过的,因为妈妈也唠叨过我,我们父女同病相怜。"

"听起来你和你父亲有某种特殊的关系?"我试探道。她点了点头。"而且是把你母亲排除在外的关系。"我接着说道。

她又点了点头,随后她注意到劳伦斯一脸困惑,便随口问了句:"怎么了?"

"但是你爸爸爱你妈妈,他对她忠贞不渝。我从没见过他们吵架。他们看起来……很亲密,很亲密。至少在我看来是这样。"

"那是我离开家之后的情况了,我想我搬出去后一切都变了。你以前又没见过他们,前后是不一样的,他们从前总是吵得不可开交。"

---

1. 取自幼儿游戏"小猪在中间"(pig-in-the-middle),游戏规则是两名幼儿面对面互相扔球,另一名幼儿站在两人中间,负责拦球。——译注

我们又谈了许多雷吉童年时期的事情,得知她其实非常后悔自己从没有真正的兄弟姐妹,然后,突然之间,他们又聊起了那个夭折的孩子。我都快忘记了那个死胎的事情——我们已经好几个月没有讨论这件事了——但现在,这件事似乎非常重要。

"我希望我们有两个孩子。一个可真不够。"劳伦斯苦笑道。随后他谈起了自己和五个兄弟姐妹一起长大的经历:一段与雷吉截然不同的经历。"从很多方面来说,那种感觉真的很棒,我从来不会孤孤单单一人,总有人陪我玩……陪我打架。我一直觉得伍迪有点可怜,他只有我们两个……"

"但我想,有时候要获得关注一定很难吧?"我评论道,"比如说来自你父母的关注?"

"有点吧。"劳伦斯若有所思地答道。

治疗就此结束,我们似乎取得了一些进展。具体进展多少,我还不太确定,但某些东西确实正在发生变化。我知道,对这对夫妇来说,他们纠结的核心就在于三个人之间的关系。他们好像真的相信那句老话——"两人结伴,三人不欢",人太多的时候,你就不太可能被看到或被注意到。

几周时间过去,雷吉和劳伦斯的治疗进展缓慢而稳定。他们还会为各自的分工以及伍迪是否为家里出了力而争吵,但这种争吵似乎不再那么激烈了,反思的时刻也越来越多了。我能感觉到,伍迪的表现也更好了,他从前的那些缺点都变少了。他似乎交了个女朋友,对方名叫玛娅,尽管雷吉和劳伦斯都没见过她,但很明显,他经常外出,不再总是待在家里玩游戏机了。

后来的某一周,他们一进门,我便立刻察觉到了不对。

好长一段时间,两人谁也没有说话;他们回避着彼此的视线,甚至连我也不看一眼。我们就这样静静地坐着,时钟嘀嗒作响,这是越来越静的空气中唯一的伴奏。我能听到外面的孩子们从对面学校出来的声音。

"今天很难开头啊?"终于,我开口说道。

无人回应。我们又坐了很久,我能感觉到气氛变得更加紧张了。过了一会儿,我又试着开口道:"你们是不是都太难过了,所以不想说话?"

这句话似乎触动了雷吉,她看着我,仿佛刚刚才注意到我的存在。她温柔地笑了笑,我想她是在为两人的冷淡致歉。

"我想我们该解释一下。"劳伦斯的声音突然打破了这长时间的沉默,几乎把我给吓了一跳。接着他告诉我,他们前一天晚上大吵了一架,最后伍迪收拾行李搬出去了。他们不确定他去了哪里,但他们觉得可能是去他女朋友家了。这时他们活跃了起来,焦急地讨论了几分钟对策。他们给他的手机打了很多次电话,可手机却一直是关机状态,他们还给他的一些朋友打了电话,但对方好像也不知道他去了哪里。他们没有玛娅的电话,也不知道她住在哪里。我能感觉得到,他们谈话之间,恐惧和愤怒在悄然蔓延,责备的言语也开始显现。

"他要是不回来,我就永远也不会原谅你。"雷吉恶狠狠地说道。

"我可不想当替罪羊。你不会像往常一样,把这一切都怪在我头上吧。给他施压的人是你,不是我。以前也都是这样。要不是你因为车里乱七八糟抱怨个不停,他就不会走了。可你那嘴就是停不下来。他承受得太多了。"

"他根本就没承担什么,完全是胡说八道。你想要我照顾你,还想要我照顾他。我是什么?你们两个人的妈妈吗?他不再需要我这个妈妈了——这不是我们和苏珊娜说好的吗？但他确实需要你拿出点行动，需要你看在老天爷的分上为他做个称职的父亲。拿出点父亲的样子来吧，别再对我发牢骚了！"

那次的治疗几乎没有取得任何进展，所以当他们愤然离开时，我心里担心极了。第二天我很早就醒了，心里还在想着伍迪去了哪里，安不安全。

几周过去，伍迪依旧没有回家，也没有联系他们。他既没有回复短信，也没有接电话；完完全全地把他们拒之门外了。我只能眼睁睁地看着他们双双心碎，那种场面实在令人于心不忍。几个疗程下来，他们哭了闹，闹了哭，而我所能做的就是在他们愤怒、悲伤的时候陪在他们的身旁。好多次，在他们努力接受伍迪离开的事实时，我都噙住了眼中的泪水。他们知道他平安无事，他们从他的一个朋友那里听说他很好，和玛娅住在伦敦南部的某个地方。他们还可以看到他在社交媒体账户上发布的内容，但他换了电话号码，也没有回复电子邮件。他离开了他们，抛弃了他们，而离开其实是一种残忍而痛苦的方式。

我告诉他们，在我看来，伍迪应该是觉得这是脱离他们唯一的方法，他必须调动自己的每一点愤怒，才能从他们柔软的怀抱之中挣脱出来。也许这种思路能对他们有所帮助,其实我不太确定。劳伦斯晚上睡不着觉,医生给他开了安眠药;雷吉早上起不来,医生给她开了抗抑郁药。他们无能为力,别无选择,只能等待和希望,我也跟着他们一起等待和希望。

当然,有时他们也会恨自己的儿子,但这种恨意并不会持续得太久。他们把最深的愤怒留给了玛娅,他们觉得她是个妖女,是个贱人,更可恶的是,她偷走了伍迪。我努力想让他们明白,伍迪已经长大了,做出了自己的选择,而且玛娅可能在让伍迪联系他们,这一点他们是知道的。

对有些伴侣来说,孩子出走的情况可能会让他们团结起来,但对雷吉和劳伦斯来说,伍迪就是他们之间的黏合剂;没有了他,两人之间还剩下什么?由雷吉带头,他们开始谈论分居的事情。她下定决心不想再和劳伦斯一起工作了,因为她上了年纪,不适合做园艺了,所以她就在当地一家书店里找了份工作,为朋友干活。劳伦斯生起了闷气,回到了他的办公小屋里,在那里,他一小时接一小时地弹着吉他,故意躲着雷吉。人去巢空,两人现在只剩下彼此。

很多伴侣一旦有了孩子，就失去了彼此间的联系。通常来说，之所以会出现这个问题，是因为他们残忍地将彼此之间的亲密关系排除在孩子之外；尤其是在只有一个孩子的伴侣身上，这个问题更加严重。家庭生活若是以孩子和孩子的需求为中心，那么一旦孩子离开了家（在这种情况下长大的孩子可能需要更长的时间才能离开家），伴侣双方就会发现自己没有了可以依靠的关系。

虽然我付出了巨大的努力，但在这段时间里，我还是感觉自己既无法走近劳伦斯，也无法走近雷吉；他们遭受的创伤正在愈合，而且现在的他们似乎也已经接受了婚姻破裂的事实。他们为既定之事互相指责，把自己心中的内疚感和失败感通通推到对方身上。他们忘记了共同拥有的东西，也忘记了共同打拼而来的生活。治疗过程中，他们常常会与彼此重新产生共鸣，但好像没有了伍迪，两个人在一起还是太痛苦了，痛苦到无法忍受。伍迪离家近一年后，劳伦斯搬出去和妹妹艾里斯住在了一起。

尽管已经分居两地，他们还是会继续来看我。我想，在那个时候，我就像是那暗无边际的大海之中的一只锚。或许正是我将他们与希望，与爱，甚至与彼此联系了起来?

后来,也就是劳伦斯搬出去三周后,伍迪拖着行李箱出现在了雷吉家的门口。我一下子来了兴趣,伍迪恰好在劳伦斯离开后回来,这其中似是有隐情。这是什么意思呢?是不是伍迪之前一直在忍受三人世界呢?这就是他离开的原因吗?劳伦斯的离开是否给伍迪腾出了一席之地,让他可以独占雷吉?是因为现在他不必再做"夹在中间的小猪"了,仅此而已吗?还是说,他觉得自己不能丢下可怜的母亲一个人?

两周后,四月,在一个晴朗而凉爽的周一清晨,雷吉和劳伦斯一起前来参加治疗。他们穿过大门,一阵谈笑声传入我的耳中,我暗自一笑,不知他们是不是就要和好了。

那天,劳伦斯毫不犹豫地脱下了他那件破旧的卡其布大衣。"我们度过了美好的一周,有很多事要告诉你。"他瞥了雷吉一眼,雷吉点点头表示同意。"我们和伍迪好好谈了谈。虽然过程很尴尬,但这么做真的、真的很有帮助。我感到轻松极——了,你也一样,是吧,雷吉?"

"是的,没错。要我告诉苏珊娜他说了什么吗?"

"当然。"劳伦斯回答道。他们终于表现得像一对夫妇了，这让我感到十分震惊。"嗯，我们上周二一连谈了好几个小时——那种感觉……很神奇。我说不上来，苏珊娜。那感觉就像……获得了重生，"雷吉笑着说道，"你上周说我们需要像一家人一样坐下来谈谈，这话真的很有帮助。见过你之后，我们一起去吃了午饭，然后一致决定不能让他将我们'分裂'，你知道的，就像你说的，我们得进行团队合作。你那句'记住你们是一队的'真的点醒了我们。因为一直以来，这就是问题所在，是吧？我们不知道彼此是同一边的。后来我们就一起回了家，告诉他我们想和他谈谈。他看起来很害怕，我也很害怕。我当时还在想，他可能又会跑掉。"

"第二天晚上我回家吃晚饭，"劳伦斯兴奋地接过话茬，"老实说，我当时正在厕所方便，但伍迪说他很抱歉，他只是需要离开一段时间，因为他受够了我们。"

"他当时告诉你们他因为什么事情受够了你们吗？"我问道。

"因为我们吵架。吵架还有……唠叨，"劳伦斯回答道，"他说家里没有他的位置了。这也太好笑了。我们为了他一直在争来争去，而他却从来没机会说话。"

"是的，还有就是我们太专注于生意上的事了。"雷吉补充道。

"嗯,有点。但这不是主要原因。主要原因是我们一直在吵架,不是吗?"

我看出他们有点要吵架的苗头,于是赶紧打了个圆场,说这是句反话,这才把大家都给逗笑了。我想,我曾在许多场合碰到过伍迪每天都要经历的类似情境。在几人之间周旋纠结同样会使我变成某种重要人物,因为每个人都想要获得我的认可和关注。可我又常常因此感到无能为力,因为相互争斗,这些人的注意力完全在彼此身上,仿佛他们眼里再也容不下其他人——除了这些争斗的裁判。我想到了孩子身处其间的孤独,以及那"夹在中间的小猪"左右为难的窘境。伍迪显然是觉得自己被忽视了,而他的离开,也让他们觉得自己和他一样被忽视了。

自那之后便产生了翻天覆地的变化。我们一起理解了每个人的思路,他们开始意识到,这种三人世界无论是对伍迪,还是对他们来说,都是十分困难的。他们内心深处总怕有人要被剔除在外,所以才会为出局人选而争吵。每个人都在抢着成为伍迪最爱的那个人,都在迁就他。可是,在这场争霸赛中,伍迪真正的情感需求却被忽视了。这场比赛没有赢家。

在他们告别我之前不久的一次治疗中,雷吉谈到,自伍迪出生以来,她就开始对两人的性生活感到焦虑。她担心孩子在醒来要找他们时,他们听不见他的哭声。于是我们一同探讨了他们内心深处对于亲密行为、性行为或其他行为的罪恶感,因为这些行为的发生会使他们将伍迪排除在外。这种俄狄浦斯式的动力渗透到了家庭体系之中,塑造了一切。

后来伍迪又搬出去和一个朋友住,劳伦斯几乎立刻就搬了回来。他住在客房里,两人都觉得很舒服。果然是距离产生美。治疗结束,他们两个人身上都带着一种发自内心的感激之情。我觉得他们成长了许多,他们比以前沉默多了,吵架的次数也少多了。但这样一来,他们之间的共同点会不会也少了?

所有的伴侣都必须学会去接受彼此关系的局限性。有些伴侣会试图通过避重就轻或另求安慰来管理自己的失望之情。而其他伴侣,比如雷吉和劳伦斯,则会为了达到目的而进行漫长而激烈的战斗。在某种程度上,这些战斗能让伴侣们非常专注于彼此。随着时间的流逝,大多数伴侣都停止了大部分的争吵。年龄的增长使我们更加意识到冲突的代价,而经历了战争之后的我们也慢慢地接受了眼前人,明白了有些事情就是这样。正因为如此,伴侣之间才会降低对彼此的期望,而降低了期望,就等于降低了失望,也就等于拥有了更多享受当下的能力。

后　记

　　许多读者可能会在读完这些案例时眉头一紧。他们可能想要看到更为细节、更为清晰，特别是更为明显、更为确定的结果。对此我深感抱歉，我只能说，这其实就是所有精神分析心理治疗师每天都要面临的挫折。人永远不可能真正了解无意识——如果能，那便不是无意识了，对吧？我们所能做的就是去聆听心灵深处的声音，然后学会去注意那些时不时出现的信号。理解总是有风险的，而且理解只有在对患者有意义时，才是真正的有意义。

　　许多章节的结尾处未能给出任何结论，只有当事患者从书页上简单退场，消失在读者的视野之中。这种做法虽有欠妥之处，但绝非故意为之——只是我的亲身经历确实如此。心理治疗最终是否让某对伴侣或者某位患者过上足够好的生活，结果往往不得而知。某对伴侣是否还在一起，或者他们的孩子是否茁壮成长，这些事情我也不会去追踪调查。这种无知虽然不幸，却能使我尽可能地活在当下，而当下又正是情感——心理治疗的关键要点——通常所存在的地方。所以，真实起见，恐怕你必须得像我一样，在品读这些故事的同时，也要接受它们并没有结尾的事实。

这本书的大部分内容是在新冠疫情期间写下的，这场全球性灾难显然对我们所有人以及我们的家庭生活产生了巨大影响。在我看来，虽然我们每个人都能轻松给出自己的答案，但到目前为止，还没有人能够真正弄清楚疫情所带来的影响究竟意味着什么。疫情对于儿童和青少年的影响已经开始令人担忧，而我们成人的心理状况如何尚不可知。

就我所注意到的而言，有些伴侣的对话完全忽略了这次的疫情。越是忧心忡忡的伴侣，疫情似乎就越少出现在他们的生活之中。我已经开始得出这样的结论：对大多数忧虑愁苦的患者来说，内心世界的情感已经太过嘈杂，嘈杂到听不到外部世界的宁静和喧哗。

致　谢

我想感谢许多人。我有太多太多人要感谢了。首先，我必须要感谢我的编辑德拉蒙德·莫伊尔，哪怕是我在写作中毫无把握的时候，他也对我表现出了极大的信心，他给予本书的反馈和建议是无价的。感谢利兹·马尔温娴熟的编辑工作以及杰茜卡·帕特尔的帮助。同时也非常感谢我的经纪人，佐耶·罗斯。还有我在昆安妮街诊所的诸位同事，比迪·阿诺特、斯蒂芬·布卢门撒尔和苏珊·奥斯汀，他们在我困难时给予了我一贯的大力支持。他们不但让我积极振作，还为我提供了不少明智的建议。我要感谢布雷特·卡尔、苏茜·奥巴赫和斯蒂芬·格罗斯，在我刚起笔的时候，他们都慷慨地献出了各自的时间和经验，与我交谈。布雷特建议我就像平时说话一样进行写作（我正是个能说会道的人！），这对我的自信心产生了很大的影响。感谢简·麦格雷戈·赫伯恩给予我的爱与支持。我还要感谢艾伦·科拉姆和戴维·休伊森，他们同我讨论了一些伦理上的问题。还有企鹅兰登书屋的瓦妮莎·米尔顿，恩情自在心中，我对她感激不尽。

我要向塔维斯托克夫妻关系中心的诸多同事和老师表示深切感谢，遗憾的是，他们之中有些人已经与我们天人永隔。为我提供灵感、发挥重要作用的同事实在太多太多，虽然不便在此一一列举，但这本书是站在他们的肩膀之上，没有他们是不可能完成的。特别要感谢沃伦·科尔曼、克里斯托弗·克卢洛、玛丽·摩根、斯坦·鲁斯琴斯基、戴维·休伊森、克里斯特尔·巴斯-特瓦赫特曼和安东·奥霍尔策。另外，我还要在此纪念詹姆斯·费希尔和尼娜·科恩。所有这些人都对我作为精神分析心理治疗师的发展至关重要，本书许多观点都直接出自他们之口。迟来的感谢献给伊丽莎白·吉。

谢谢我的好朋友们，他们听我喋喋不休地谈论这本书听得太久了。特别感谢林达·尼德教授、夏洛特·威克斯、珍妮·里德尔和安德烈亚·科利特。还要感谢我的妹妹凯伦·阿布斯的慷慨支持。她住在奥格莫尔[1]海边，那是一个颇受欢迎的写作静修地。

感谢我的丈夫保罗·戈加蒂，没有他就不会有这本书。他一定把每章读了不下十遍，为我修改拙劣的语言，给我提供洞见和想象，帮我纠正我那可怕的标点符号错误，将这本书的方方面面都优化了不少。致米伦·洛帕特吉和奈杰尔·理查森——我永远感谢两位在阅读本书时的敏锐眼光与深入思考。

我还要感谢我的孩子们，马克斯·戈加蒂和拉恩·阿布斯·戈加蒂，以及他们的配偶，苏济·格雷格和亚当·莱恩，感谢你们对我这股写书劲头充满热情和耐心。最后，我还要感谢我的孙子鲁迪，他在本书完成的同一周来到人世。你的到来激励着我冲向终点。

最后，也是最重要的一点，我要对自己过去乃至现在的患者表示深切而持久的感谢，感谢他们让我进入他们的生活，从他们的身上我受益匪浅。

---

1. 位于威尔士的海滨村庄。

Copyright © Susanna Abse, 2022
First published as TELL ME THE TRUTH ABOUT LOVE in 2022 by Ebury Press, an imprint of Ebury Publishing. Ebury Publishing is part of the Penguin Random House group of companies.

© 中南博集天卷文化传媒有限公司。本书版权受法律保护。未经权利人许可，任何人不得以任何方式使用本书包括正文、插图、封面、版式等任何部分内容，违者将受到法律制裁。

著作权合同登记号：图字 18-2023-236

图书在版编目（CIP）数据

叫醒一个装睡的爱人 /（英）苏珊娜·阿布斯（Susanna Abse）著；罗蝶儿译 . -- 长沙：湖南文艺出版社，2024.2
ISBN 978-7-5726-1544-3

Ⅰ.①叫… Ⅱ.①苏…②罗… Ⅲ.①恋爱心理学—通俗读物 Ⅳ.① C913.1-49

中国国家版本馆 CIP 数据核字（2024）第 013769 号

上架建议：心理学·亲密关系

JIAOXING YI GE ZHUANGSHUI DE AIREN
叫醒一个装睡的爱人

著　　者：	[英]苏珊娜·阿布斯（Susanna Abse）
译　　者：	罗蝶儿
出 版 人：	陈新文
责任编辑：	张子霏
监　　制：	吴文娟
策划编辑：	姚珊珊　黄　琰
特约编辑：	逯方艺　赵浠彤
版权支持：	张雪珂
营销编辑：	傅　丽
封面设计：	利　锐
版式设计：	李　洁
封面绘图：	AONE
出　　版：	湖南文艺出版社
	（长沙市雨花区东二环一段 508 号　邮编：410014）
网　　址：	www.hnwy.net
印　　刷：	三河市百盛印装有限公司
经　　销：	新华书店
开　　本：	775 mm × 1120 mm　1/32
字　　数：	161 千字
印　　张：	10
版　　次：	2024 年 2 月第 1 版
印　　次：	2024 年 2 月第 1 次印刷
书　　号：	ISBN 978-7-5726-1544-3
定　　价：	48.00 元

若有质量问题，请致电质量监督电话：010-59096394
团购电话：010-59320018